LA REINE MORTE

COLLECTION DIRIGÉE PAR MAURICE BRUÉZIÈRE
DIRECTEUR DE L'ÉCOLE PRATIQUE DE L'ALLIANCE FRANÇAISE DE PARIS

HENRY DE MONTHERLANT

DE L'ACADÉMIE FRANÇAISE

La Reine Morte

DRAME EN TROIS ACTES

Texte corrigé par l'auteur
avec les coupures possibles pour la représentation

Étude et notes de Maurice Bruézière
Agrégé des Lettres

Université

GALLIMARD

LA REINE MORTE

DRAME EN TROIS ACTES

LA REINE MORTE

Dans *le texte* Comment fut écrite « la Reine Morte », *placé ici à la suite de la pièce, on rappelle les circonstances dans lesquelles cette œuvre fut écrite et créée.*

BIBLIOGRAPHIE
ET DISCOGRAPHIE

1. LA REINE MORTE. 1942. Paris. *Henri Lefebvre*. Drame en trois actes, illustré de dix eaux-fortes par Michel Ciry. 1 chiffon à la forme avec suite de gravures; 20 vélin d'Arches avec suite de gravures; 250 vélin d'Arches (édition originale).

2. LA REINE MORTE. 1942. Paris. *Gallimard*. LA REINE MORTE OU COMMENT ON TUE LES FEMMES, drame en trois actes, suivi de RÉGNER APRÈS SA MORT, drame de Luis Velez de Guevara. 8 Japon impérial, 13 vélin de Hollande, 36 vélin pur fil de Navarre, 1.050 héliona Navarre, reliés d'après la maquette de Paul Bonet, 1.000 héliona Navarre, reliés d'après la maquette de Paul Bonet (tirés en 1944). Et le tirage ordinaire.

3. LA REINE MORTE. 1943. Bruxelles. *Vanderschueren*. 6.600 ex. ordinaires.

4. LA REINE MORTE. 1943. Genève. *Gallimard-Kundig*. 87e édition. 3.000 ex. ordinaires.

5. LA REINE MORTE, s. d. (1945). Illustrations de V. Stuyvaert. Aux dépens d'un groupe de bibliophiles. 1 vergé blanc Montval, contenant un dessin original, une suite en bistre et une suite en couleur; 6 vélin de Rives avec un dessin original, une suite en bistre et une suite en couleur; 15 vélin de Rives, avec une suite en bistre et une suite en couleur; 50 vélin de Lana avec une suite en couleur; 527 vélin Lana.

6. LA REINE MORTE. 1947. Paris. *Gallimard*. Texte corrigé par l'auteur, avec les coupures possibles pour la représentation. 1.040 alfa Navarre, dont 50 H.C., reliés. d'après la maquette de Paul Bonet. Et le tirage ordinaire.

7. LA REINE MORTE. 1948. Paris. *Gallimard*. Tirage ordinaire. Pour la première fois, dans le tirage ordinaire, cette édition ne comporte plus le drame de Guevara.

8. La Reine Morte. 1949. Paris. *Presses de la Cité*. Gravures de Decaris. 12 vélin pur chiffon Lana, avec un dessin original, un cuivre, une suite en premier état sur vélin teinté, et une suite à l'état définitif, sur Malacca; 38 vélin pur chiffon Lana, avec une suite en premier état sur vélin teinté, et une suite à l'état définitif sur Malacca; 200 vélin pur chiffon Lana.

9. La Reine Morte. 1950. Paris et Neuchâtel. *Ides et Calendes*. Théâtre complet de Montherlant. Frontispice de Théodore Stravinsky. 20 Hollande van Gelder Zonen, 40 chiffon luxe, 3.500 vergé ivoire, 6 Hollande van Gelder Zonen H. C., 10 chiffon luxe H. C., 30 vergé ivoire H. C.

10. La Reine Morte. 1950. Paris. *Paris-Théâtre* (ensemble avec Le Maitre de Santiago).

11. La Reine Morte. 1951. Paris. *Gallimard*. Collection Pourpre. Texte comportant de nouvelles corrections et les coupures pratiquées à la Comédie-Française. Introduction de H.-R. Lenormand.

12. La Reine Morte. 1954. Paris. *Gallimard*. Bibliothèque de la Pléiade.

13. La Reine Morte. 1957. Paris. *Club du Meilleur Livre*. Texte comportant des appendices de l'auteur.

14. La Reine Morte. 1957. Paris. *Gallimard*. « Le livre de poche. » Texte comportant les corrections, les coupures et l'introduction de l'édition Pourpre.

15. La Reine Morte. 1957. Paris. *Pathé-Marconi*. Trois disques microsillon (texte intégral avec la distribution de la création). Collection de la Comédie-Française.

16. La Reine Morte. 1958. Stuttgart. *Klett*. Édition scolaire (texte français).

17. La Reine Morte. 1965. Paris. *Gallimard*, « Livre de poche université ». Présentation et notes de Maurice Bruézière.

18. La Reine Morte. 1965. Paris. *Éditions Lidis*. Illustrations de Aïzpiri.

A JEAN-LOUIS VAUDOYER

Administrateur Général de la Comédie-Française

Mon cher ami,

Mes ouvrages sortent toujours d'une nécessité intérieure, plus ou moins profonde. Pour la première fois de ma vie, un sujet m'a été proposé en tant que sujet : l'auteur de *la Reine évanouie* m'a tendu le sujet de *la Reine morte*. Au lieu de prendre, à ma mode, ce que j'ai choisi de prendre, j'ai pris ce qu'on m'offrait : j'en suis encore étonné. Avec une sorte de divination, vous aviez piqué sur une matière qui m'était convenable : je n'avais qu'à la laisser reposer sur mon cœur, pour qu'elle y germât. Divination? Plutôt la même vertu du jugement qui vous dictait, il y a vingt années, cet article où vous sépariez, dans *le Songe*, le bon et le méchant, en des termes que je ratifiai dès alors, et que l'avenir devra ratifier.

Vous m'avez ouvert aussi (sans parler de ce sanctuaire, dirai-je : auguste? qui m'a permis de mesurer mes possibilités de vénération, d'ordinaire si calomniées) un domaine, que je négligeais, de la création artistique. Depuis un quart de siècle, je tiens qu'il me serait facile et plaisant d'écrire en vue de la scène. Mais il y avait un premier pas qui m'ennuyait. Faute d'entrain à tirer les sonnettes des directeurs de théâtre, j'écartais cette forme d'expression. En m'épargnant le coup de sonnette, vous m'avez lâché dans un monde pour moi frais, où trouver un motif nouveau d'ébrouement. Et je parle d'ébrouement (j'avais écrit d'abord « enjouement ») sans gêne, parmi les misères et les angoisses de la France de 1942, car ce que nous donnons dans l'art est comme ce que nous donnons dans l'amour. Ces flammes, trop fortes pour que les plus durs vents puissent les éteindre, sont aussi trop pures pour insulter aux ténèbres.

Voilà bien des raisons, mon cher Vaudoyer, pour que votre nom soit inscrit en tête de cet ouvrage. Je l'y trace avec joie, gratitude et amitié. Puissent les créatures de ma pièce se mêler à ce cortège des plus nobles figures de l'art, que vous avez ranimées dans vos livres, et sans lequel on ne vous imagine pas.

Paris, octobre 1942.

LA REINE MORTE

a été représentée pour la première fois sur le Théâtre-Français le 8 décembre 1942, mise en scène par M. Pierre Dux, dans les décors et les costumes de M. Roland Oudot, et avec la distribution suivante :

FERRANTE, roi de Portugal, 70 ans .... *Jean Yonnel.*

LE PRINCE DON PEDRO, son fils, 26 ans . *J. Bertheau.*

EGAS COELHO, premier ministre....... *M. Escande.*

ALVAR GONÇALVÈS, conseiller .... *M. Donneaud.*

DON CHRISTOVAL, anciennement gouverneur du Prince (vieillard) .... *Bacqué.*

LE GRAND AMIRAL ET PRINCE DE LA MER *Chambreuil.*

DINO DEL MORO, page du Roi .... *M. François.*

DON EDUARDO, secrétaire de la main
(vieillard) .... *Seigner.*

DON MANOEL OCAYO .... *Valcourt.*

L'INFANT DE NAVARRE .... *Deninx.*

LE CAPITAINE BATALHA .... *De Rigoult.*

DEUX PAGES DU ROI .... { *J. Udrezul.*
                                   { *J. Ory.*

LE LIEUTENANT MARTINS............. *Charon.*

INÈS DE CASTRO, 26 ans .... *Madeleine Renaud.*

L'INFANTE DE NAVARRE (doña Bianca),
17 ans .... *Renée Faure.*

TROIS DAMES D'HONNEUR DE L'INFANTE . { *Jane Faber.*
                                      { *N. Marziano.*
                                      { *M. Perrey.*

OFFICIERS, SOLDATS, GENS DE LA COUR, etc.
Au Portugal, — autrefois.

Les passages entre crochets sont supprimés
aux représentations de la Comédie-Française.

La pièce ne comporte d'entr'acte qu'entre les actes II et III.

ACTE PREMIER

PREMIER TABLEAU

Une salle du palais royal, à Montemor-o-velho.

SCÈNE PREMIÈRE

Le roi Ferrante, L'Infante, L'Infant,
Don Christoval, Trois Dames d'honneur
de l'Infante, quelques Grands

L'Infante

Je me plains à vous, je me plains à vous,
Seigneur! Je me plains à vous, je me plains à Dieu!
Je marche avec un glaive enfoncé dans mon cœur.
Chaque fois que je bouge, cela me déchire.

[Première Dame d'honneur,
chuchoté, aux autres dames d'honneur.

La pauvre! Regardez! Comme elle a mal!

Seconde Dame d'honneur

Elle est toute pétrie d'orgueil. Et c'est son orgueil
que ce glaive transperce. Oh! comme elle a mal!

Troisième Dame d'honneur

Ah! elle est de <u>Navarre</u>!]

L'Infante

Vous êtes venu, Seigneur, dans ma Navarre
(que Dieu protège!) pour vous y entretenir avec
le Roi mon père des affaires de vos royaumes.
Vous m'avez vue, vous m'avez parlé, vous avez
cru qu'une alliance entre nos couronnes, par
l'instrument du Prince votre fils, et de moi, pouvait
être faite pour le grand bien de ces couronnes et
pour celui de la chrétienté. Vous deux, les rois,
vous décidez d'un voyage que je ferai au Portugal,
accompagnée de l'Infant, mon frère, peu après
votre retour. Nous venons, nous sommes reçus
grandement. La froideur du Prince, à mon égard,
ne me surprend ni ne m'attriste. J'avais vu plus
loin; au delà de lui, je voyais l'œuvre à faire. Trois
jours se passent. Ce matin, don Pedro, seul avec
moi, me fait un aveu. Il plaide n'avoir su vos
intentions qu'à votre retour de Navarre, quand il
était trop tard pour revenir sur notre voyage. Il
me déclare que son cœur est lié à jamais à une
dame de votre pays, doña Inès de Castro, et que
notre union n'aura pas lieu. [Je crois que si je ne
l'avais retenu il m'eût conté ses amours de bout en
bout et dans le détail : tant les gens affligés du
dérangement amoureux ont la manie de se croire
objet d'admiration et d'envie pour l'univers

entier.] Ainsi on me fait venir, comme une servante,
pour me dire qu'on me dédaigne et me rejeter à la
mer! Ma bouche sèche quand j'y pense. Seigneur,
savez-vous que chez nous, en Navarre, on meurt
d'humiliation? Don Guzman Blanco, réprimandé
par le roi Sanche, mon grand-père, prend la fièvre,
se couche, et passe dans le mois. Le père Martorell,
confesseur de mon père, lorsqu'il est interdit, a une
éruption de boutons sur tout le corps, et expire
après trois jours. Si je n'étais jeune et vigoureuse,
Seigneur, de l'affront que j'ai reçu du Prince, je
serais morte.

[Première Dame d'honneur

Mourir d'honneur blessé, c'est bien la mort qui
convient à notre Infante.

Seconde Dame d'honneur

Elle est toujours crucifiée sur elle-même, et elle
éparpille le sang qui coule de son honneur.

Troisième Dame d'honneur

Ah! c'est qu'elle est de Navarre, notre Infante!

L'Infant de Navarre

J'ai laissé parler l'Infante. Sa sagesse est grande,
et sa mesure. J'ajouterai seulement qu'il en est de
nous comme d'un arbuste dont on veut brutalement arracher une feuille. On arrache une seule
feuille, mais tout l'arbre frémit. Ainsi, de l'outrage

fait à l'Infante, toute la Navarre est secouée. Par
respect et par affection vraie pour Votre Majesté,
nous préférons <u>nous contenir</u> dans la stupeur, de
crainte de <u>nous déborder</u> dans le courroux.]

FERRANTE

Si moi, le Roi, je vous dis que je comprends votre
mal, et si votre mal n'en est pas adouci, à votre
tour vous m'aurez offensé. Votre mal est le mien :
je ne puis dire plus. Quand je revins de Navarre
et annonçai au Prince mes intentions, je vis bien
à sa contenance qu'il en recevait un coup. Mais
je crus qu'il n'y avait là que l'ennui de se fixer, et
d'entrer dans une gravité pour laquelle il n'a pas
de goût. Doña Inès de Castro ne fut pas nommée.
Il me cacha son obstination. Et c'est à vous qu'il
la jette, avec une <u>discourtoisie</u> qui m'atterre.

L'INFANTE

Ce n'est pas la femme qui est insultée en moi,
c'est l'Infante. Peu m'importe le Prince !

FERRANTE, *à don Manoël Ocayo.*

Don Manoël, allez avertir le Prince, et introdui-
sez-le quand <u>son Altesse</u> sera partie.

L'INFANTE

Seigneur, laissez-moi retourner maintenant dans
mon pays. Dans mon pays où l'on ne m'a jamais
insultée. C'est la Navarre que j'aime. Le vent

d'Est qui m'apporte la brume de neige de mon pays m'est plus doux que le souffle odorant du Portugal et de ses orangers. Le vent qui vient de Navarre...

FERRANTE

Partir! Tout ce que nous perdrions! Tout ce que vous perdriez!

L'INFANTE

Plutôt perdre que supporter.

[PREMIÈRE DAME D'HONNEUR

L'Infante n'aimait pas tant les Navarrais, lorsqu'elle était en Navarre!

DEUXIÈME DAME D'HONNEUR

Ni le froid, ni la brume de neige.

TROISIÈME DAME D'HONNEUR

Quel merveilleux changement en faveur de notre Navarre!]

FERRANTE

De grâce, Infante, restez quelques jours encore. Je vais parler au Prince. Sa folie peut passer.

L'INFANTE

Si Dieu voulait me donner le ciel, mais qu'il me le différât, je préférerais me jeter en enfer, à devoir attendre le bon plaisir de Dieu.

FERRANTE

Vous aimez d'avoir mal, il me semble.

L'INFANTE

J'aime un mal qui me vient de moi-même. Et puis, la Navarre est un pays dur. Les taureaux de chez nous sont de toute l'Espagne ceux qui ont les pattes les plus résistantes, parce qu'ils marchent toujours sur de la rocaille...

FERRANTE

Restez jusqu'au terme des fêtes données en l'honneur de Vos Altesses. Si don Pedro était irréductible, vous partiriez, mais tout scandale serait évité.

L'INFANTE

Je ne revivrai que lorsque nos navires se mettront à bouger vers mon pays.

FERRANTE

Est-il donc trop dur pour vous de composer votre visage pendant quelques jours?

L'INFANTE

Trop dur?

[PREMIÈRE DAME D'HONNEUR

Mira! Mira! Comme elle dresse la tête, avec la brusquerie de l'oiseau de proie!

Deuxième Dame d'honneur

Oh! la petite fière!

Troisième Dame d'honneur

Vive Dieu! Elle est de Navarre!]

Ferrante

Ne pouvez-vous pendant quelques jours contraindre la nature?

L'Infante

Il y a quelque chose que je ne pourrais pas?

Ferrante

Soutenir longuement la conduite la plus opposée à son caractère : quelle fatigue! Mais quel honneur! Vous êtes aussi grande que vous êtes noble. Don Pedro est là : il va m'entendre. Peut-être ce soir même le destin aura-t-il changé de route. — Vivez de longues années, ô ma jeune princesse! Votre exaltation était pareille à celle de la vague qui se soulève. Avec elle, vous nous avez tous soulevés.

L'Infante

Dites plutôt que je vive éternellement, pour avoir le temps d'accomplir toutes les choses grandes qu'il y a en moi, et qui dans l'instant où je parle me font trembler.

Ferrante

Vous vivrez, et vous vivrez <u>lavée</u>. On croit mourir de dépit et de rage, et rien ne passe comme une insulte.

L'Infante

Si Dieu veut, si Dieu veut, je serai guérie par mes choses grandes. Par elles je serai lavée.

SCÈNE II

Le Roi, Don Manoel Ocayo

Ferrante

Le Prince est là?

Don Manoel

Il attend les ordres de Votre Majesté.

Ferrante

Qu'il attende encore un peu, que ma colère se soit refroidie. J'ai pâli, n'est-ce pas? Mon cœur qui, au plus fort des batailles, n'a jamais perdu son rythme royal, se désordonne et palpite comme un coq qu'on égorge. Et mon âme m'est tombée dans les pieds.

Don Manoel

La pire colère d'un père contre son fils est plus

tendre que le plus tendre amour d'un fils pour son
père.

FERRANTE

J'ai honte. Je ne veux pas que mon fils sache ce
qu'il peut sur moi, ce que ne pourrait pas mon plus
atroce ennemi. Mais quoi! Il est un de mes actes,
et tous nos actes nous maîtrisent, un jour ou l'autre.
Ah! pourquoi, pourquoi l'ai-je créé? Et pourquoi
suis-je forcé de compter avec lui, pourquoi suis-je
forcé de <u>pâtir</u> à cause de lui, puisque je ne l'aime
pas?

DON MANOEL

Magnanime Ferrante...

FERRANTE

Je vous arrête. Je ne sais pourquoi, chaque fois
qu'on me loue, cela jette en moi une brusque
<u>ondée</u> de tristesse... Chaque fois qu'on me loue,
je respire mon tombeau.

DON MANOEL

Ma <u>dévotion</u>, faut-il donc que ce soit silencieu-
sement...

FERRANTE

Au jour du Jugement, il n'y aura pas de sentence
contre ceux qui se seront tus. Introduisez le Prince.
Je ne sais jamais que lui dire; mais, aujourd'hui,
je le sais.

SCÈNE III

FERRANTE, PEDRO

FERRANTE

L'Infante m'a fait part des propos monstrueux
que vous lui avez tenus. Maintenant écoutez-moi.
Je suis las de mon trône, de ma cour, de mon peuple.
Mais il y a aussi quelqu'un dont je suis particulièrement las, Pedro, c'est vous. Il y a tout juste
treize ans que je suis las de vous, Pedro. Bébé, je
l'avoue, vous ne me reteniez guère. Puis, de cinq
à treize ans, je vous ai tendrement aimé. La Reine,
votre mère, était morte, bien jeune. Votre frère
aîné allait tourner à l'hébétude, et entrer dans les
ordres. Vous me restiez seul. Treize ans a été
l'année de votre grande gloire; vous avez eu à
treize ans une grâce, une gentillesse, une finesse,
une intelligence que vous n'avez jamais retrouvées
depuis; c'était le dernier et merveilleux rayon du
soleil qui se couche; seulement on sait que, dans
douze heures, le soleil réapparaîtra, tandis que le
génie de l'enfance, quand il s'éteint, c'est à tout
jamais. On dit toujours que c'est d'un ver que sort
le papillon; chez l'homme, c'est le papillon qui
devient un ver. A quatorze ans, vous vous étiez
éteint; vous étiez devenu médiocre et grossier.
Avant, Dieu me pardonne, par moments j'étais
presque jaloux de votre gouverneur; jaloux de
vous voir prendre au sérieux ce que vous disait

cette vieille bête de <u>don Christoval</u>, plus que ce que
je vous disais moi-même. Je songeais aussi : « A
cause des affaires de l'État, il me faut perdre
mon enfant : je n'ai pas le temps de m'occuper de
lui. » A partir de vos quatorze ans, j'ai été bien
content que votre <u>gouverneur</u> me débarrassât de
vous. Je ne vous ai plus recherché, je vous ai fui.
Vous avez aujourd'hui vingt-six ans : il y a treize
ans que je n'ai plus rien à vous dire.

PEDRO

Mon père...

FERRANTE

« Mon père » : durant toute ma jeunesse, ces
mots me faisaient vibrer. Il me semblait — en
dehors de toute idée politique — qu'avoir un fils
devait être quelque chose d'immense... Mais
regardez-moi donc! Vos yeux fuient sans cesse
pour me cacher tout ce qu'il y a en vous qui ne
m'aime pas.

PEDRO

Ils fuient pour vous cacher la peine que vous me
faites. Vous savez bien que je vous aime. Mais, ce
que vous me reprochez, c'est de n'avoir pas votre
caractère. Est-ce ma faute, si je ne suis pas vous?
Jamais, depuis combien d'années, jamais vous ne
vous êtes intéressé à ce qui m'intéresse. Vous ne
l'avez même pas feint. Si, une fois... quand vous

aviez votre fièvre tierce, et croyiez que vous alliez
mourir ; tandis que je vous disais quelques mots
auprès de votre lit, vous m'avez demandé : « Et
les loups, en êtes-vous content ? » Car c'était alors
ma passion que la chasse au loup. Oui, une fois
seulement, quand vous étiez tout affaibli et déses-
péré par le mal, vous m'avez parlé de ce que
j'aime.

FERRANTE

Vous croyez que ce que je vous reproche est de
n'être pas semblable à moi. Ce n'est pas tout à fait
cela. Je vous reproche de ne pas respirer à la
hauteur où je respire. On peut avoir de l'indulgence
pour la médiocrité qu'on pressent chez un enfant.
Non pour celle qui s'étale dans un homme.

PEDRO

Vous me parliez avec intérêt, avec gravité, avec
bonté, à l'âge où je ne pouvais pas vous comprendre.
Et à l'âge où je l'aurais pu, vous ne m'avez plus
jamais parlé ainsi, — à moi que, dans les actes
publics, vous nommez « mon bien-aimé fils » !

FERRANTE

Parce qu'à cet âge-là non plus vous ne pouviez
pas me comprendre. Mes paroles avaient l'air de
passer à travers vous comme à travers un fantôme
pour s'évanouir dans je ne sais quel monde :
depuis longtemps déjà la partie était perdue. Vous

êtes vide de tout, et d'abord de vous-même. Vous
êtes petit, et rapetissez tout à votre mesure. Je vous
ai toujours vu abaisser le motif de mes entreprises :
croire que je faisais par avidité ce que je faisais
pour le bien du royaume; croire que je faisais
par ambition personnelle ce que je faisais pour la
gloire de Dieu. De temps en temps vous me jetiez à
la tête votre fidélité. Mais je regardais à vos actes,
et ils étaient toujours misérables.

PEDRO

Mon père, si j'ai mal agi envers vous, je vous
demande de me le pardonner.

FERRANTE

Je vous le pardonne. Mais que le pardon est
vain! Ce qui est fait est fait, et ce qui n'est pas fait
n'est pas fait, irrémédiablement. Et puis, j'ai tant
pardonné, tout le long de ma vie! Il n'y a rien de
si usé pour moi, que le pardon. *(Pris d'un malaise,
il porte la main à son cœur. Un temps.)* D'autres ont
plaisir à pardonner; pas moi. Enfin, nous voici
dans une affaire où vous pouvez réparer beaucoup.
Je ne reviens pas sur votre conduite incroyable,
de vous refuser depuis des années à prendre
l'esprit et les vues de votre condition; de vous
échapper toutes les fois que je vous parle d'un
mariage qui est nécessaire au trône; de me celer
encore votre détermination, ces jours derniers,
pour la révéler brutalement à l'Infante, au risque

du pire éclat, avec une inconvenance inouïe. Je
connais peu Inès de Castro. Elle a de la naissance,
bien que fille naturelle. On parle d'elle avec sympathie, et je ne lui veux pas de mal. Mais il ne faut
pas qu'elle me gêne. Un roi se gêne, mais n'est pas
gêné.

PEDRO

Que prétendez-vous faire contre elle?

FERRANTE

Je pourrais exiler doña Inès, ou vous interdire de
la revoir. Je ne le ferai pas. Puisque les Africains
ont apporté chez nous un peu de leurs coutumes,
et que, même à la cour, l'usage s'est établi qu'un
homme ait une amie régulière en outre de son
épouse légitime, épousez l'Infante, et ne vous
interdisez pas de rencontrer Inès, avec la discrétion convenable. L'Infante, prévenue, y trouvera
d'autant moins à redire qu'en Navarre aussi le
concubinage est formellement autorisé par la loi.
Elle aura le règne, et le règne vaut bien ce petit
déplaisir. Et elle ne vous aime pas, non plus que
vous ne l'aimez, ce qui est bien la meilleure condition pour que votre union soit heureuse à l'État,
et même heureuse tout court. Vous m'entendez?
Je *veux* que vous épousiez l'Infante. Elle est le
fils que j'aurais dû avoir. Elle n'a que dix-sept
ans, et déjà son esprit viril suppléera au vôtre. A
votre sens, l'État marche toujours assez bien, quand

il vous donne licence de faire tout ce que vous voulez; gouverner vous est odieux. L'Infante, elle... Enfin, je l'aime. Elle m'a un peu étourdi des cris de son orgueil, quand elle dansait devant moi le pas de l'honneur (ma foi, elle ne touchait pas terre). Mais elle est brusque, profonde, singulière. Et cette énergie pleine d'innocence... Son visage est comme ces visages de génies adolescents qu'on voit sculptés sur les cuirasses, et qui, la bouche grande ouverte, crient éternellement leur cri irrité. C'est elle, oui, c'est elle qu'il faut à la tête de ce royaume. Et songez à quelle force pour nous : le Portugal, la Navarre et l'Aragon serrant la Castille comme dans un étau! Oui, je suis passionné pour ce mariage. Quand tout concourt à ce point à faire qu'une chose soit bonne, il ne faut pas s'y tromper : Dieu est derrière. Moi, le Roi, me contredire, c'est contredire Dieu. Mais me contredire en cette affaire-ci, c'est le contredire deux fois.

PEDRO

Vivre partie avec l'Infante, et partie avec Inès... Vivre déchiré entre une obligation et une affection...

FERRANTE

Je ne vois pas là déchirement, mais partage raisonnable.

PEDRO

Je n'ai pas tant de facilité que vous à être

double. Je me dois à ce que j'aime et qui m'aime, et ne m'y dois pas à moitié.

FERRANTE

Il n'est donc que votre plaisir au monde?

PEDRO

Mon plaisir? Mon amour.

FERRANTE

Ils coïncident malheureusement.

PEDRO

Il y a une autre raison, pour laquelle je ne peux épouser l'Infante.

FERRANTE

Laquelle?

PEDRO

... Et puis non, quand je le pourrais, je ne veux pas nous sacrifier, moi et un être que j'aime, à des devoirs dont je ne méconnais pas l'importance, mais auxquels j'ai le droit d'en préférer d'autres. Car il y a la vie privée, et elle aussi est importante, et elle aussi a ses devoirs. Une femme, un enfant, les former, les rendre heureux, leur faire traverser ce passage de la vie avec un bonheur qu'ils n'auraient pas eu sans vous, est-ce que, cela aussi, ce n'est pas important?

Ferrante

Étranges paroles, où n'apparaissent jamais ni Dieu ni le royaume, alors que vous êtes chrétien, et demain serez roi.

Pedro

Chrétien, je dis : la destinée d'un être importe autant que la destinée d'un million d'êtres; une âme vaut un royaume.

Ferrante

Tant d'idées au secours d'un vice!

Pedro

D'un vice!

Ferrante

Vous avez une maîtresse, et ne voulez rien voir d'autre. Là-dessus il faut que l'univers se dispose de manière à vous donner raison.

Pedro

J'ai quarante années peut-être à vivre. Je ne serai pas fou. Je ne les rendrai pas, de mon plein gré, malheureuses, alors qu'elles peuvent ne pas l'être.

Ferrante

Enfin vous voici tout à fait sincère! C'est de vous qu'il s'agit. Et de votre bonheur! Votre bonheur!... Êtes-vous une femme?

PEDRO

Laissez le trône à mon cousin de <u>Bragance</u>. Il est friand de ces morceaux-là. Qu'on les donne à qui les aime. Non à qui les a en horreur.

FERRANTE

Assez d'absurdités. En vous ma suite et ma mémoire. Même si vous n'en voulez pas. Même si vous n'en êtes pas digne. Réfléchissez encore. L'Infante, qui est si attentive à ce qui lui est dû, pourtant, après un premier mouvement de chaleur, a accepté de feindre. Elle demeurera ici pendant le temps des fêtes organisées en l'honneur de son frère et d'elle. Vous avez donc cinq jours pour vous décider. Dans cinq jours vous me direz si vous épousez l'Infante. Sinon...

PEDRO

Sinon?

FERRANTE

Pedro, je vais vous rappeler un petit épisode de votre enfance. Vous aviez onze ou douze ans. Je vous avais fait cadeau, pour la nouvelle année, d'un merveilleux petit <u>astrolabe</u>. Il n'y avait que quelques heures que ce jouet était entre vos mains, quand vous apparaissez, <u>le visage défait</u>, comme prêt aux larmes. « Qu'y a-t-il? » D'abord, vous ne voulez rien dire; je vous presse; enfin vous avouez : vous avez cassé l'astrolabe. Je vous dis tout ce que mérite une telle sottise, car l'objet était un vrai chef-d'œuvre. Durant un long moment, vous me laissez faire tempête. Et soudain votre visage s'éclaire, vous me regardez avec des yeux pleins de malice, et vous me dites : « Ce n'est pas vrai. L'astrolabe est en parfait état. » Je ne comprends pas : « Mais alors, pourquoi ? » Et vous, avec un innocent sourire : « Sire, j'aime bien quand vous êtes en colère... »

PEDRO

C'était pour voir...

FERRANTE

Pour voir quoi ?

PEDRO

Pour voir ce que vous diriez.

FERRANTE

Eh bien ! mon cher fils — et c'est là que je voulais en venir, — si à douze ans vous étiez si insensible à ma colère, je vous jure par le sang du Christ qu'à vingt-six ans elle vous fera trembler.

PEDRO

Ah ! vous n'êtes pas bon, mon père !

FERRANTE

Si, je suis bon quand il me plaît. Sachez que parfois le cœur me vient dans la bouche, de bonté.

Tenez, il m'arrive, quand je viens de duper merveilleusement quelqu'un, de le prendre en pitié, le voyant si dupe, et d'avoir envie de faire quelque chose pour lui...

PEDRO

De lui lâcher un peu de ce qui ne vous importe pas, l'ayant bien dépouillé de ce qui vous importe.

FERRANTE

C'est cela même.

PEDRO

Et si vous me châtiez, épargnerez-vous Inès?

FERRANTE

Encore une fois, à vous et à Inès, je ne reproche pas votre liaison. Elle m'était connue; je ne la blâmais pas. Je vous reproche, à vous, de ne vouloir pas épouser l'Infante; c'est tout. Allons, j'ai fini ce que j'avais à vous dire. Vous pouvez vous retirer.

PEDRO

Mon père, après des paroles si graves, me retirerai-je sans que vous m'embrassiez?

FERRANTE

Embrassons-nous, si vous le désirez. Mais ·ces baisers entre parents et enfants, ces baisers dont on se demande pourquoi on les reçoit et pourquoi on les donne...

PEDRO, *qui avait fait un pas vers son père, s'arrête court.*

En ce cas, inutile.

FERRANTE, *soudain dur.*

Vous avez raison : inutile.

SECOND TABLEAU

Dans la maison d'Inès, à Mondego, aux environs de Montemor-o-velho, une pièce donnant sur un jardin.

SCÈNE IV

PEDRO, INÈS

PEDRO

Jugez-moi sévèrement : je n'ai osé lui avouer ni que nous étions mariés, ni que ce mariage allait faire en vous son fruit. Sa colère m'a paralysé.

INÈS

Puisque nous ne pouvons être <u>déliés</u>, quand même nous le voudrions, le Pape étant à cette heure si <u>roidi</u> contre votre père, puisqu'il est donc vain que le Roi s'entête de votre mariage avec l'Infante, retournez le voir, Pedro, et dites-

lui tout. Mieux vaut qu'il se voie arrêté par un
fait contre lequel il ne peut rien, que s'il se croit
arrêté par votre obstination. Mieux vaut sa colère
aujourd'hui que demain.

PEDRO

Elle sera terrible. Elle nous enveloppera comme
une flamme.

INÈS

Je crois qu'elle me sera plus facile à supporter
que notre présente incertitude. Si étrange qu'il
puisse paraître, il me semble que, lorsqu'elle
éclatera, il y aura quelque chose en moi qui criera :
« Terre ! »

PEDRO

Il nous séparera.

INÈS

N'est-ce pas comme si nous l'étions déjà ? Et je
veux croire, oui, je veux croire qu'il ne nous séparera pas trop longtemps. Car, lorsqu'il se verra
devant la chose faite et irrémédiable, alors il n'y
aura qu'une issue : le persuader de reconnaître
notre union. Et pourquoi n'y réussiriez-vous pas ?
Si le Roi s'acharne à ce que vous épousiez l'Infante,
c'est parce qu'il voit en elle une femme de gouvernement, alors que vous êtes si peu l'homme de
cela. Apprenez à gouverner, mon ami, acceptez-en

le péril et l'ennui, le faisant désormais pour l'amour
de moi, et peut-être le Roi acceptera-t-il à son
tour que la future reine ne soit qu'une simple
femme, dont la raison suffisante de vivre est de
vous rendre heureux. [Mais, pour Dieu, quand
vous ferez son siège, sachez bien le convaincre
qu'être reine m'est un <u>calice</u>, et que je n'ai voulu
le boire que pour le boire bouche à bouche avec
vous. Je crois que je mourrais d'amertume s'il
s'avisait de me croire ambitieuse, alors que tout
mon rêve aurait été de passer ma vie retirée dans
le petit coin de la tendresse, perdue et oubliée au
plus profond de ce jardin.

PEDRO

Vous avez raison, je lui parlerai de la sorte.]
Nous sommes dans la main de la destinée comme
un oiseau dans la main d'un homme. Tantôt elle
nous oublie, elle regarde ailleurs, nous respirons.
Et soudain elle se souvient de nous, et elle serre un
peu, elle nous étouffe. Et de nouveau elle relâche
l'étreinte, — si elle ne nous a pas étouffés tout de
bon. [L'étreinte se relâchera, Inès. Et je veux
croire, moi aussi, que nous vivrons bien des heures
encore retirés dans ce jardin, et que nous y devi-
serons comme nous avons fait si souvent, assis au
bord de la <u>vasque</u>, avec le jet d'eau qui envoyait
parfois sur nous des gouttelettes, et parfois n'en
envoyait pas, selon le vent. Et je humais la poussière d'eau. Et je songeais que vous faisiez de moi

ce que fait tout être de qui le désire et qui l'aime :
vous en faisiez cette vasque qui continuellement
déborde, sans cesse remplie et qui continuellement
déborde. Et un chant doux comme la tristesse
venait par moments de la route, le chant des casseurs
de pierres, qui venait et cessait lui aussi, comme
la poussière d'eau, selon le caprice du vent.]

Inès

Cette douceur mêlée de tristesse, c'est bien le
goût de notre amour. Vous ne m'avez donné que
des joies ; pourtant, toujours, quand je pensais à
vous, si j'avais voulu j'aurais pu me mettre à
pleurer. Depuis deux ans, sur nous, cette menace,
cette sensation d'une pluie noire sans cesse prête
à tomber et qui ne tombe pas. [La destinée qu'on
sent qui s'accumule en silence. Combien de fois,
dans notre maison, m'y trouvant avec vous, je
me suis représenté le temps où ces heures seraient
du passé. Je les regrettais dans le moment même que
je les vivais. Et elles m'étaient doublement chères,
d'être, et que j'en puisse jouir, et déjà que je n'en
puisse jouir plus. Voyez-vous, je suis comme le
vieux capitaine Orosco, qui s'était battu pendant
sept ans, ici et en Afrique, avec une bravoure de
lion, et qui, lorsqu'il fut mis à la retraite, me dit :
« Je suis bien content ! J'en avais assez de risquer ma
vie tous les jours. »] Avec [autant de] simplicité,
je vous dirai : j'en ai assez d'avoir tous les jours
peur. De retrouver chaque matin cette peur, au

réveil, comme un objet laissé la veille au soir sur
la table. La peur, toujours la peur! La peur qui
vous fait froid aux mains...

PEDRO

C'est vrai, vos mains douces et froides... Mais
songez que le monde entier vit sous l'empire de la
peur. Mon père a passé sa vie à avoir peur : peur
de perdre sa couronne, peur d'être trahi, peur
d'être tué. Il connaît ses forfaits mieux que nous ne
les connaissons, et sait que chacun d'eux crée la
menace d'une représaille. J'ai vu bien des fois son
visage au moment où il venait de marquer un point
contre un adversaire; ce qu'il y avait alors sur ce
visage, ce n'était jamais une expression de triomphe,
c'était une expression de peur : la peur de la riposte.
Les bêtes féroces, elles aussi, sont dominées
par la peur. Et regardez les poussières dans ce
rayon de soleil : que j'avance seulement un peu
ma main ici, au bas du rayon, et là-haut, à l'autre
bout, elles deviennent folles, folles de peur.

INÈS

Souvent, au coucher du soleil, je suis envahie
par une angoisse. Tenez, quand je vois les mar-
chands qui ferment leurs volets. Un coup de lance
me traverse : « En ce moment même on décide
quelque chose d'effroyable contre moi... » Ou
bien (comme c'est bête!) c'est le soir, quand je me
déshabille, à l'instant où je dénoue mes cheveux.

PEDRO

[Savez-vous que, chaque fois que vous bougez
la tête, vous m'envoyez l'odeur de vos cheveux?
Et que cette odeur n'est jamais tout à fait la même?
Tantôt imprégnée d'air et de soleil, et sentant
la flamme; tantôt froide et sentant l'herbe coupée.]
O tête chère, si bien faite pour mes mains! Inès,
femme chérie, mon amour au nom de femme,
Inès au clair visage, plus clair que les mots qui le
bercent, [vous qui êtes le lien qui m'unit à tous les
êtres; oui, tous les êtres attachés à vous, et à vous
seule, comme les fruits sont attachés à l'arbre]... Et
aujourd'hui je ne fais pas que vous aimer : je vous
admire. Je vous trouve plus courageuse que moi.

INÈS

A force d'être anxieuse sans que rien arrive, le
jour où la foudre tombe on se trouve presque calme.
Et puis, aujourd'hui, il me semble que je suis
soutenue par notre enfant. Il mène à l'intérieur
de moi une lutte féroce, et moi, j'aurais honte si
je n'étais pas aussi forte que lui, pour le sauver en
nous sauvant. Quand vous êtes venu pour la
première fois, il y a deux ans, j'étais sans résistance devant vous. Pour un seul mot cruel de vous,
je serais tombée, oui, tombée sur le sol. Je ne
pouvais me défendre, moi. Mais pour le défendre,
lui, je me sens tous les courages. Jusqu'à me dire
que le mettre au monde dans la facilité serait un
amoindrissement. Jusqu'à me dire que le fait qu'il

se forme parmi l'épreuve est quelque chose d'heureux. [Vous, je vous ai trouvé tout créé, et c'est vous qui ensuite m'avez créée. Lui,] cette fabrication de chaque instant, matérielle et immatérielle, qui vous fait vivre dans la sensation d'un miracle permanent, cela fait de lui mon bien, Pedro! Pedro! oui, comme je crois que vous-même vous ne sauriez... Mais je suis folle, n'est-ce pas? Au contraire, ce que je lui donne, non seulement je ne vous le prends pas, mais en le lui donnant je vous le donne. Je te tiens, je te serre sur moi, et c'est lui. Son cou n'a pas tout à fait la même odeur que le tien, il sent l'enfant... Et son haleine est celle de la biche nourrie de violettes. Et ses petites mains sont plus chaudes que les tiennes. Et ses bras sont autour de mon cou comme est l'eau, l'été, quand on y plonge, et qu'elle se referme sur vos épaules, toute pleine de soleil. Et il fait autour de mon cou un doux chantonnement qui roucoule... Enfant adoré, grâce à qui je vais pouvoir aimer encore davantage!

PEDRO

Tu penses à lui, et, au milieu de toutes nos misères, te voilà comme entourée d'une buée de bonheur.

INÈS

<u>Ce bonheur au sommet duquel un instant encore je puis être immobile</u>... Mais quoi? Pourquoi me

lâcher ainsi brusquement? [Il ne fallait pas me prendre contre toi, si c'était pour me lâcher ainsi.] Reprends-moi auprès de toi, que je ne meure pas.

PEDRO

Des cavaliers s'arrêtent à la porte du jardin.

INÈS

Voici enfin cet instant redouté depuis toujours.

PEDRO

C'est lui!

INÈS

Instant tellement pareil à celui que j'ai attendu.

PEDRO

Retire-toi. Je vais tout lui dire, comme tu me l'as conseillé. Tu avais raison. Il y a là un signe : la destinée est venue au-devant de nous.

INÈS

Peut-être que, pendant des années, il me va falloir vivre sur cette minute que je viens de vivre. Je le savais, mais pas assez.

UN SERVITEUR, *entrant*.

Sire, le Roi!

PEDRO

Je suis son serviteur.

Le Serviteur

C'est doña Inès de Castro que Sa Majesté veut voir. Et Elle veut la voir seule.

Pedro

C'est bien. Inès, que Dieu t'inspire!

Inès

Je passe ma main sur ton visage, comme les aveugles, pour l'emporter deux fois.

SCÈNE V

Ferrante, Inès

Ferrante

Ainsi donc vous voici, doña Inès, devant moi. Votre renommée m'avait prévenu en votre faveur. Votre air, votre contenance, jusqu'à votre vêtement, tout me confirme que vous êtes de bon lieu. Et ainsi je ne doute pas que vous ne trouviez en vous-même de quoi vous égaler aux circonstances où vous nous avez mis.

Inès

Je suis la servante de Votre Majesté.

Ferrante

Il me plaît que vous soyez un péu Portugaise par votre mère, alors que votre père était gentil-

homme d'une des plus anciennes familles de
<u>Galice.</u> Vous avez été élevée à <u>Saint-Jacques de
Compostelle</u>, n'est-ce pas, à la cour du duc de
Peñafiel ? Et vous êtes venue ici, il y a deux ans,
pour y accompagner votre vieil oncle, le comte
de Castro, que j'appelais auprès de moi. Par
malheur, il est retourné à Dieu, trop tôt pour nous
tous. Et notamment pour vous, il me semble.
Car vous êtes restée seule au Mondego. C'était
une situation un peu étrange pour une jeune fille.
Peut-être faut-il regretter que je ne vous aie pas
connue davantage. Je ne vous ai guère vue à la
cour, sinon pas du tout.

Inès

N'ayant pas d'intrigue à y mener, je ne m'y
serais pas sentie à l'aise. Il me semble que je me
serais demandé sans cesse : « Mais que fais-je
donc ici ? » Et on dit qu'à la cour celui qui est
embarrassé a toujours tort.

Ferrante

La cour est un lieu de ténèbres. Vous y auriez été
une petite lumière.

Inès

Et puis, il m'aurait fallu dissimuler un peu
avec Votre Majesté. Et je ne l'aurais pas pu.

Ferrante

Le mensonge est pour mes Grands une seconde

nature. [De même qu'ils préfèrent obtenir par là
menace ce qu'ils pourraient obtenir par la douceur, obtenir par la fraude ce qu'ils pourraient
obtenir par la droiture, ils préfèrent obtenir par
l'hypocrisie ce qui leur serait acquis tout aussi
aisément par la franchise : c'est le génie ordinaire
des cours.] Et vous-même, allez! allez! vous y
auriez bien vite pris goût. D'ailleurs, il importe
moins de ne pas mentir aux autres, que de ne pas
se mentir à soi-même.

INÈS, *souriant*.

Si je mentais, je m'embrouillerais bien vite dans
mes mensonges. C'est peut-être là tout ce qui
m'arrête.

FERRANTE

J'ai voulu vous faire sourire. Lorsqu'on doute
si un inconnu est dangereux ou non, il n'y a
qu'à le regarder sourire : son sourire est une indi-
cation, quand il n'est pas une certitude. Le vôtre
achève de vous révéler. Eh bien! doña Inès, je
plaisantais : soyez toujours vraie avec moi; vous
n'aurez pas à vous en repentir. Et soyez vraie,
d'abord, en me parlant de mon fils.

INÈS

Le jour où je l'ai connu est comme le jour où je
suis née. Ce jour-là on a enlevé mon cœur et on
a mis à sa place un visage humain. C'était pendant

la fête du Trône, dans les jardins de Montemor.
Je m'étais retirée un peu à l'écart, pour respirer
l'odeur de la terre mouillée. Le Prince me rejoi-
gnit. On n'entendait plus aucun bruit de la fête,
plus rien que les petits cris des oiseaux qui changeaient de branche. Il me dit que, sitôt qu'il avait
entendu ma voix, il s'était mis à m'aimer. Cela me
rendit triste. Je le revis plusieurs fois, dans la
campagne du Mondego. Il était toujours plein de
réserve, et moi j'étais toujours triste. Enfin je lui
dis : « Laissez-moi seulement mettre ma bouche
sur votre visage, et je serai guérie éternellement. »
Il me le laissa faire, et il mit sa bouche sur le mien.
Ensuite, son visage ne me suffit plus, et je désirai
de voir sa poitrine et ses bras.

[Ferrante

Il y a longtemps de tout cela ?

Inès

Il y aura deux ans le 13 août. Depuis deux ans,
nous avons vécu dans le même songe. Où qu'il
soit, je me tourne vers lui, comme le serpent
tourne toujours la tête dans la direction de son
enchanteur. D'autres femmes rêvent de ce qu'elles
n'ont pas ; moi, je rêve de ce que j'ai. Et pas une
seule fois je n'ai voulu quelque chose qui ne fût
à son profit. Et pas un jour je n'ai manqué de lui
dire en moi-même : « Que Dieu bénisse le bonheur
que vous m'avez donné ! »]

Ferrante

Ces sentiments vont faciliter ma tâche : je suis chez moi partout où il y a de la gravité. Et ce serait péché de vouloir diminuer l'image que vous vous faites du Prince, encore que, selon moi, elle soit un peu embellie. Selon moi, le Prince est... comment dire ? le Prince est une eau peu profonde. Péché aussi de vous dire trop comment je me représente ce que les hommes et les femmes appellent amour, qui est d'aller dans des maisons noires au fond d'alcôves plus tristes qu'eux-mêmes, pour s'y mêler en silence comme les ombres. Non, laissons cela, et venons au cœur de mon souci. Je ne vous demande pas de rompre avec don Pedro. Je vous demande d'user de votre pouvoir sur lui pour qu'il accepte un mariage dont dépend le sort du royaume. Cela peut vous être dur, mais il le faut. Je n'ai pas à vous en déduire les raisons : le mariage du Prince est une conjoncture à laquelle, depuis deux ans, vous avez eu tout le loisir de vous préparer.

Inès

Hélas ! Seigneur, vous me demandez l'impossible.

Ferrante

Doña Inès, je suis prêt à donner aux sentiments humains la part qui leur est due. Mais non davantage. Encore une fois, ne me forcez pas à vous soutenir le point de vue de l'État, qui serait

fastidieux pour vous. *(La menant vers la fenêtre.)*
Regardez : la route, la carriole avec sa mule, les
porteurs d'olives, — c'est moi qui maintiens tout
cela. J'ai ma couronne, j'ai ma terre, j'ai ce peuple
que Dieu m'a confié, j'ai des centaines et des
centaines de milliers de corps et d'âmes. Je suis
comme un grand arbre qui doit faire de l'ombre à
des centaines de milliers d'êtres. Et tout cela
demande que ce mariage se fasse, qui sert merveilleusement ma politique. Don Pedro a eu un non
brutal, et il a eu la folie de le dire même à l'Infante.
Mais ce n'est là qu'un premier mouvement, sur
lequel je veux qu'il revienne. A vous de l'y aider.
Vous n'avez pas à prendre ombrage de ses sentiments pour l'Infante : entre eux, il n'est pas question d'amour. Et vous satisferez votre roi, qui
incline vers la tombe, et a besoin que ses affaires
soient en ordre. Faites-le donc, <u>sous peine de mon
déplaisir</u>, et vous souvenant que toute adhésion
qu'on me donne agrandit celui qui me la donne.

INÈS

Seigneur, le voudrais-je, je ne pourrais dénouer
ce que Dieu a noué.

FERRANTE

Je ne comprends pas.

INÈS

Il y a près d'une année, en grand secret, à
<u>Bragance</u>, l'évêque de <u>Guarda</u>...

FERRANTE

Quoi ?

INÈS

...nous a unis, le Prince et moi...

FERRANTE

Ah ! malheur ! malheur ! Marié ! et à une bâtarde !
Outrage insensé et mal irréparable, car jamais le
Pape ne cassera ce mariage : au contraire, il
exultera, de me voir à sa merci. Un mariage ?
Vous aviez le lit : ce n'était pas assez ? Pourquoi
vous marier ?

INÈS

Mais... pour être plus heureuse.

FERRANTE

Plus heureuse ! Encore le bonheur, comme
l'autre ! C'est une obsession ! Est-ce que je me soucie
d'être heureux, moi ? [Encore, si vous me répon-
diez : pour sortir du péché.] Et depuis un an mon
fils me cache cela. Depuis un mois, il connaît mes
intentions sur l'Infante, et il ne dit rien. Hier, il
était devant moi, et il ne disait rien. Et c'est vous
qu'il charge d'essuyer ma colère, comme ces
misérables peuplades qui, au combat, font marcher
devant elles leurs femmes, pour se protéger !

INÈS

Il redoutait cette colère.

Ferrante

Il savait bien qu'un jour il devrait la subir, mais il préférait la remettre au lendemain, et sa couardise égale sa fourberie et sa stupidité. Il n'est plus un enfant, mais il lui est resté la dissimulation des enfants. A moins que... à moins qu'il n'ait compté sur ma mort. Je comprends maintenant pourquoi il se débat contre tout mariage. Je meurs, et à l'instant vous régnez! Ah! j'avais bien raison de penser qu'un père, en s'endormant, doit toujours glisser un poignard sous l'oreiller pour se défendre contre son fils. Treize ans à être l'un pour l'autre des étrangers, puis treize ans à être l'un pour l'autre des ennemis : c'est ce qu'on appelle la paternité. *(Appelant.)* Don Félix! Faites entrer don Christoval, avec trois officiers. Madame, ce n'est pas vous la coupable, retirez-vous dans vos chambres : on ne vous y fera nul mal. Don Félix, accompagnez doña Inès de Castro, et veillez à ce qu'elle ne rencontre pas le Prince.

Inès

Mais don Pedro? Oh! Seigneur, pour lui, grâce!

Ferrante

Assez!

Inès

Dieu! il me semble que le fer tranche de moi mon enfant.

SCÈNE VI

Ferrante, Don Christoval, Trois Officiers du palais

FERRANTE

Don Christoval, je vous confie une mission pénible pour vous. Avec ces trois hommes de bien, vous allez arrêter sur-le-champ le personnage que j'ai pour fils. Vous le conduirez au château de Santarem, et vous l'y détiendrez jusqu'à ce que j'aie désigné qui le gardera.

DON CHRISTOVAL

Seigneur! Pas moi! Un autre que moi!

FERRANTE

Vous, au contraire, et nul autre que vous. Cela vous fait souffrir? Eh bien, maintenant il faut que l'on commence à souffrir un peu autour de moi.

DON CHRISTOVAL

Lui que j'ai élevé...

FERRANTE

Et bien élevé, certes! Un digne élève! Et un digne fils!

Don Christoval

J'atteste par le Dieu vivant que don Pedro vous révère et vous aime.

Ferrante

Quand il me mépriserait, quand il aurait fait peindre mon image sur les semelles de ses souliers, pour me piétiner quand il marche, ou quand il m'aimerait au point d'être prêt à donner pour moi sa vie, cela me serait indifférent encore. Pedro est marié à doña Inès.

Don Christoval

Hélas! Après ce qu'il m'avait dit!

Ferrante

Que vous avait-il dit?

Don Christoval

Qu'il ne ferait jamais un mariage pareil. Déjà, il savait qu'on le raillait un peu d'avoir pour amie — pour amie seulement — une enfant naturelle. Un jour que je lui en touchais un mot, il m'avait dit : « Jamais plus vous ne devez me parler sur ce sujet. »

Ferrante

Il est là tout entier. Allez, allez, en prison! En prison pour médiocrité.

Il sort.

SCÈNE VII

PEDRO, DON CHRISTOVAL, LES OFFICIERS

PEDRO, *entrant*.

Le Roi est parti? — Mais quoi? Ah! c'est cela!

DON CHRISTOVAL

Au nom du Roi, Prince, je vous arrête. *(Fléchissant le genou.)* Don Pedro, pardonnez-moi.

PEDRO

Relevez-vous, don Christoval. Le jour viendra assez tôt, où il me faudra voir des hommes à genoux devant moi.

DON CHRISTOVAL

Je ne me relèverai pas que vous ne m'ayez donné votre bénédiction.

PEDRO

Je vous la donne. Et Inès?

DON CHRISTOVAL

Libre.

PEDRO

Je veux m'en assurer. Je veux la voir. Un instant seulement.

Don Christoval

Sire, vous ne sortirez pas d'ici!

Pedro

Misérable vieillard! Tu oses! Ah! tu l'as enfin, ton heure de gloire!

Don Christoval

Tuez-moi, que je n'aie plus à oser.

Pedro

Je crains tout pour Inès.

Don Christoval

Je vous répète qu'elle est libre, libre!

Pedro

Et demain? Ah! j'ai été trop courageux. Voilà un an qu'il fallait mettre Inès en sûreté : il y a trois cents couvents au Portugal où elle eût trouvé asile, même contre le Roi. Mais on se tiendrait pour pusillanime en prenant ses sûretés. Inès est menacée parce que je n'ai pas eu peur. Enfant chérie, comme je suis coupable envers toi, de n'avoir pas su mieux te défendre. Tu te reposais sur moi, et je t'ai manqué!

Don Christoval

Il y a toujours à gagner à avoir du courage.

Pedro

Don Christoval, on a beau vous mettre le nez
sur la réalité, vous vous entêtez dans les <u>lieux</u>
<u>communs</u> optimistes : ils vous enivrent. Vous étiez
pédagogue. Vous croyiez que c'est cette nourri-
ture-là qu'il faut donner aux pauvres jeunes gens,
qui n'ont déjà que trop tendance à aimer les lieux
communs. Et vous continuez. On gagne quelquefois à être courageux. Et quelquefois on perd.
Voilà ce qu'il faudrait dire. Mais cela est trop
simple. Cela est trop vrai. Vous êtes pédagogue et
moralisateur : vous n'êtes pas fait pour le simple
ni pour le vrai. Et vous ne sentirez jamais combien
il est grave de prêcher le courage, surtout aux
jeunes gens. (*Tendant son épée.*) Allons, désarmez-
moi. Il faut que je sorte d'un univers où j'étais
un homme pour entrer dans un univers où je
serai un outragé. Et par mes compatriotes, bien
entendu : que les Africains m'aient fait prisonnier,
ce n'était pas intéressant. C'est curieux, les hommes
de valeur finissent toujours par se faire arrêter.
Même dans l'histoire, on n'imagine guère un
grand homme qui ne se trouve à un moment
devant un juge et devant un geôlier; cela fait
partie du personnage. Et ceux d'entre eux qui
n'ont pas passé par la prison font figure en quelque
sorte de déserteurs. Messieurs, ce que vous m'êtes,
c'est une vraie escorte d'honneur, car dans les
prisons de mon père je vais retrouver la fleur du

royaume. Mais dites-moi, n'y en a-t-il pas un parmi vous qui ait été mis en prison par des Portugais ? Quoi, pas un ? Ah ! vous, lieutenant Martins. Prisonnier ! Et pour quel motif ?

Le Lieutenant

Oh ! Prince, bien modeste : pour dettes.

Pedro

Que ce soit pour dettes, ou pour vol, ou pour viol, ou pour meurtre, quiconque a été fait prisonnier par les siens est désormais mon frère. Lieutenant Martins, je me souviendrai de vous. Et maintenant, escorte d'honneur, en avant, vers les prisons ! Ou plutôt non, il vaut mieux dire : en avant, par-delà les prisons !

Ils sortent.

ACTE II

PREMIER TABLEAU

Le cabinet de travail du Roi, au palais.

SCÈNE PREMIÈRE

FERRANTE, EGAS COELHO, ALVAR GONÇALVÈS,
DON EDUARDO

*Ferrante assis sur son trône. Egas Coelho et
don Eduardo assis à une table à gauche. Alvar
Gonçalvès assis à une table à droite. Ils ont
devant eux des manuscrits.*

[FERRANTE

La dépêche pour les cortès de Catalogne...

ALVAR GONÇALVÈS, *l'ayant lue.*

Il me semble que don Eduardo y exagère un
peu la misère du royaume.

FERRANTE

Sur mes indications. De quoi s'agit-il ? D'obtenir.

Et se plaindre est un des moyens d'obtenir. La pitié est d'un magnifique rapport.]

EGAS COELHO

Puis-je me permettre une observation ? Puisque dans cette lettre nous employons des procédés qui sont légitimes entre princes, mais qui, entre particuliers, seraient tenus pour atroce perfidie, je souhaiterais que Votre Majesté y parlât de notre honneur.

FERRANTE

Vous avez raison. C'est quand la chose manque, qu'il faut en mettre le mot. Don Eduardo, vous recommencerez cette lettre et vous y introduirez le mot « honneur ». Une fois seulement. Deux fois, personne n'y croirait plus.

[ALVAR GONÇALVÈS

Mais, au contraire, si vous vous trouvez jamais devant l'Infante, surtout, ne lui parlez pas d'honneur. Elle pense qu'elle est seule au monde à se faire une notion de l'honneur. En lui en parlant, vous vous exposeriez à de cruels sarcasmes.

DON EDUARDO

Je sais que son Altesse souffre avec impatience tout ce qui n'est pas elle.

FERRANTE

N'aimez-vous pas l'Infante, don Alvar ?

ALVAR GONÇALVÈS

Je l'aime extrêmement, et ce que je viens d'en dire est de ces petits traits que seule décoche la sympathie.

FERRANTE

J'aime que vous l'aimiez. Elle m'en est plus chère.

EGAS COELHO

Une menace, une promesse, une insolence, une courtoisie : cette balance est celle des affaires. Mais don Eduardo, dans la dépêche aux cortès, ne donne-t-il pas trop à la gracieuseté ? Cette lettre n'est pas assez énergique.

FERRANTE

Je répugne au style comminatoire, parce qu'il engage. Je préfère le style doucereux. Il peut envelopper tout autant de détermination solide que le style énergique, et il a l'avantage qu'il est plus facile de s'en dégager.]

ALVAR GONÇALVÈS

Nous sommes tous saisis d'admiration par la phrase de don Eduardo relative à la récolte de blé de l'an dernier. Sous la plume de don Eduardo, la contre-vérité devient un véritable bonbon pour l'esprit.

DON EDUARDO

Ce n'est pas tout de mentir. On doit mentir efficacement. On doit mentir aussi élégamment. Hélas, que d'obligations imposées aux pauvres mortels ! Il faut être dans la mauvaise foi comme un poisson dans l'eau.

FERRANTE

Il ne faut pas être dans la mauvaise foi comme un poisson dans l'eau, mais comme un aigle dans le ciel. — Maintenant, messieurs, je vais vous apprendre une nouvelle qui sans doute vous surprendra : je suis décidé à traiter avec le roi d'Aragon.

EGAS COELHO

Après tout ce que vous avez dit ! Vos doutes ! Vos appréhensions !

FERRANTE

Ce que j'ai dit ne compte jamais. Seul compte ce que j'écris. Encore, bien entendu, est-ce une façon de parler. Ainsi j'ai été occupé toute la matinée à faire dans le projet du traité les trous par lesquels je compte m'évader de mes obligations. Hélas, à ce jeu on ne bat pas Fernand d'Aragon.

Je ne sais où sa <u>félonie</u> arrivera à se glisser dans notre accord, pour le retourner contre moi, mais je sais qu'elle y parviendra. Je cherche en vain le <u>défaut de l'armure</u>, mais je suis certain qu'il existe, et qu'Aragon le trouvera.

Egas Coelho

Alors, ne signez pas! Examinons encore.

Alvar Gonçalvès

Il y a déjà quatre mois que nous examinons.

Ferrante

Puisqu'il fallait lui céder, du moins l'ai-je fait attendre.

Egas Coelho

Sire, je vous en prie : avec de telles craintes, ne signez pas!

Ferrante

J'ai conscience d'une grande faute; pourtant je suis porté invinciblement à la faire. Je vois l'abîme, et j'y vais.

[Egas Coelho

Arrêtez-vous!

Ferrante

Il y a deux sortes de conseillers. Ceux qui n'ont

pas d'opinion personnelle, et s'ingénient à prendre notre point de vue et à le soutenir, par courtisanerie. Et ceux qui ont une opinion personnelle, à quoi ils se tiennent, dont nous n'écoutons l'exposé qu'avec <u>humeur</u>, et faisant ensuite à notre tête. C'est dire que ces deux sortes de conseillers sont également inutiles. Et cependant, celui qui aime de prendre conseil a beau s'apercevoir qu'on le conseille toujours en vain, il prendra conseil jusqu'au bout. Pareillement, on peut connaître qu'un acte est pis qu'inutile, nuisible; et le faire quand même. Cet exemple vous plaît-il? Quoi qu'il en soit] ma décision est prise. Qu'on ne m'en parle plus.

ALVAR GONÇALVÈS

Après ces paroles, aurons-nous encore l'<u>indiscrétion</u> de conseiller Votre Majesté?

FERRANTE

Je vous l'ordonne.

ALVAR GONÇALVÈS

Sur quelque sujet que ce soit?

FERRANTE

Je vous entends : il s'agit de doña Inès. Non seulement vous pouvez me parler d'elle, mais je sollicite à son propos vos indications et vos avis.

Egas Coelho

Il y a deux coupables : l'évêque de Guarda et doña Inès.

Ferrante

Et don Pedro. Je n'aime pas votre crainte de le nommer.

Egas Coelho

L'évêque est en prison : si tout va bien, nous aurons sa tête. Le Prince, votre fils, est gardé à vue. Doña Inès est libre.

Ferrante

Doña Inès est la moins coupable. Il n'y aurait rien contre elle sans don Pedro et sans l'évêque.

Egas Coelho

De toute évidence, il n'y aurait rien contre eux sans doña Inès. Votre Majesté nous demande notre avis. En notre âme et conscience, nous faisons le vœu que doña Inès ne puisse plus être à l'avenir une cause de trouble dans le royaume.

Ferrante

Qu'elle soit emprisonnée ? Exilée ?

Egas Coelho

Qu'elle passe promptement de la justice du Roi à la justice de Dieu.

FERRANTE

Quoi! la faire mourir! Quel excès incroyable!
Si je tue quelqu'un pour avoir aimé mon fils,
que ferais-je donc à qui l'aurait haï? Elle a rendu
amour pour amour, et elle l'a fait avec mon
consentement. L'amour payé par la mort! Il y
aurait grande injustice.

EGAS COELHO

L'injustice, c'est de ne pas infliger un châtiment mérité.

ALVAR GONÇALVÈS

Et les offenses publiques ne supportent pas de
pardon.

FERRANTE

Le Prince et Inès sont également coupables. Mais
Inès seule serait tuée!

ALVAR GONÇALVÈS

Tacite écrit : « Tous deux étaient coupables.
Cumanus seul fut exécuté, et tout rentra dans
l'ordre. »

FERRANTE

N'est-ce pas cruauté affreuse, que tuer qui n'a
pas eu de torts?

Alvar Gonçalvès

Des torts! Elle en a été l'occasion.

Egas Coelho

Quand une telle décision ne vient pas d'un mouvement de colère, mais du conseil de la raison, elle n'est pas une cruauté, mais une justice.

Ferrante

Oh! l'impossible position de la raison et de la justice!

Egas Coelho

D'ailleurs, y aurait-il ici injustice, la création de Dieu est un monceau d'innombrables injustices. La société des hommes aurait-elle l'orgueil infernal de prétendre être plus parfaite?

Ferrante

Je suis prêt à mettre doña Inès dans un monastère.

Egas Coelho

Dont le Prince, en prison ou non, l'aura fait enlever avant trois mois.

Ferrante

Je puis l'exiler.

Egas Coelho

Où elle sera, elle sera un foyer de sédition. Le Prince groupera autour d'elle tous vos ennemis. Ils attendront votre mort, ou peut-être la hâteront, puisqu'il suffit de cette mort pour qu'Inès règne. Non : tout ou rien. Ou le pardon avec ses folles conséquences, ou la mort.

Alvar Gonçalvès

Sans compter que — monastère ou exil — on penserait que Votre Majesté a eu peur de verser le sang. Ce qui conviendrait mal à l'idée qu'on doit se faire d'un roi.

Ferrante

Si j'étais homme à me vanter du sang que j'ai répandu, je rappellerais que j'en ai fait couler assez, dans les guerres et ailleurs.

Egas Coelho

Le sang versé dans les guerres ne compte pas.

Ferrante

J'ai dit : et ailleurs. Il me semble que, sous mon règne, les exécutions n'ont pas manqué.

Egas Coelho

On dira que, ce coup, vous avez bien osé tuer un ministre de Dieu; mais non une femme, seulement parce que femme.

[Ferrante

La nature ne se révolte-t-elle pas, à l'idée qu'on ôte la vie à qui la donne ? Et doña Inès, de surcroît, est une femme bien aimable.

Alvar Gonçalvès

D'innombrables femmes sont aimables.

Egas Coelho

Plus d'un monarque a sacrifié au bien de l'État son propre enfant, c'est-à-dire ce qu'il y avait de plus aimable pour lui, et Votre Majesté hésiterait à sacrifier une étrangère, une bâtarde qui a détourné votre fils de tout ce qu'il doit à son peuple et à Dieu ! Mais la question est encore plus haute. Des centaines de milliers d'hommes de ce peuple sont morts pour que les Africains ne prennent pas pied au Portugal. Et vous seriez arrêté par la mort d'un seul être !

Ferrante

Il n'y a pas de proportion !

Egas Coelho

Si doña Inès vous disait : « Pourquoi me tuez-vous ? » Votre Majesté pourrait lui répondre : « Pourquoi ne vous tuerais-je pas ? »]

Ferrante

Je ne puis croire que la postérité me reproche

de n'avoir pas fait mourir une femme qui est inno-
cente quasiment.

EGAS COELHO

La postérité appellerait cet acte une clémence,
s'il se plaçait dans une suite d'actes énergiques.
Dans le cas présent, elle l'appellera une faiblesse.

FERRANTE

Que voulez-vous insinuer ?

EGAS COELHO

Je n'insinue pas, je parle en clair, couvert par
ma loyauté. Votre Majesté, à cette heure, non
seulement est faible réellement, sur certains
points, mais, sur d'autres, elle est obligée de feindre
la faiblesse, pour mieux tromper ses adversaires.
De là que, partie à raison, partie à tort, le royaume
passe pour faible, et cette situation est destinée
à durer longtemps encore.

ALVAR GONÇALVÈS

J'ajoute que l'habitude de feindre la faiblesse
risque de mener à la faiblesse même. Quand on a
commencé à avaler quelques couleuvres, fût-ce par
politique, on finit par les avaler toutes. On s'y
est fait : la fibre s'est détendue.

FERRANTE

C'est pourtant la plus grande preuve de force,

qu'accepter d'être dédaigné, sachant qu'on ne le mérite pas. Mais quoi! est-ce que j'apparais si faible?

EGAS COELHO

Voyez les faits : on ne peut nier que partout la position du Portugal soit en recul.

FERRANTE

O Infante humiliée, je suis plus pareil à vous que vous ne vous en doutez!

EGAS COELHO

Et que la foi dans la Couronne ne soit de çà de là compromise.

FERRANTE

Ma fille dans l'amertume affreuse.

EGAS COELHO

Un geste vous fait sortir de cet abaissement. Vous frappez le royaume de crainte et de respect. Le bruit s'en gonfle et passe la mer. Le désert en est étonné.

FERRANTE

Et je dresse contre moi mon fils, à jamais. Je détruis entre moi et lui toute possibilité de rémission, de réconciliation ou pardon aucun, irrévocablement.

Egas Coelho

Non. Inès vivante et bannie, le Prince se
rebellerait, parce que soutenu de l'espoir. Morte,
lui qui ne veut pas se donner la peine de gouverner,
il ne se donnera pas davantage la peine d'une
révolte qui n'aurait d'objet que la seule vengeance.
Tout passera ensemble, l'amour et le grief. Ce qui
est effrayant dans la mort de l'être cher, ce n'est
pas sa mort, c'est comme on en est consolé.

Ferrante, *bas.*

Mon Dieu, ne lui pardonnez pas, car il sait ce
qu'il fait.

Don Eduardo

Et, s'il m'est permis de hasarder un avis bien
modeste, je dirai que, si Votre Majesté redoute un
éclat, laisser libre doña Inès, mais lui faire donner
quelque viande qui ne soit pas de sa complexion,
serait très à l'avantage de Votre Majesté.

Ferrante

Hélas! nous sommes bien loin ici du Royaume
de Dieu.

Egas Coelho

Lequel, en effet, n'a rien à voir dans notre
propos.

FERRANTE

C'est un simple soupir qui m'échappait en passant.

EGAS COELHO

Un seul acte, Seigneur, vous délivrera de tous les soupirs.

FERRANTE

Voire. La tragédie des actes. Un acte n'est rien sur le moment. C'est un objet que vous jetez à la rivière. Mais il suit le cours de la rivière, il est encore là, au loin, bien au loin, toujours là ; il traverse des pays et des pays ; on le retrouve quand on n'y pensait plus, et où on l'attendait le moins. Est-ce juste, cette existence interminable des actes ? Je pense que non. Mais cela est.

EGAS COELHO

[On s'y trompe, Seigneur. La mort de doña Inès, qui maintenant vous tourmente, c'est elle qui vous rendra libre. En cette occasion, la femme est comme la poule : tuez-la et elle vous nourrit.] Les actes ne demeurent pas autant qu'on le croit. Combien de vos actes, après avoir rempli l'objet que vous attendiez, se sont desséchés, ont perdu leur venin, sont désormais aussi inoffensifs qu'un serpent mort rongé par les fourmis.

[Alvar Gonçalvès

En outre, à partir d'un certain âge, il n'y a plus intérêt à faire les choses par une lente intrigue : on risque de n'en pas voir le bout. Vive alors un acte prompt, dont on peut jouir dans son entier.

Egas Coelho]

Et n'est-il pas insensé que des hommes acceptent de peiner, de souffrir, d'être ligotés par une situation inextricable, seulement parce qu'un être est vivant, qu'il suffirait de supprimer pour que tout se dénouât, tandis que des milliards d'êtres meurent, dont la mort est inutile, ou même déplorable? On tue, et le ciel s'éclaircit. En vérité, il est stupéfiant que tant d'êtres continuent à gêner le monde par leur existence, alors qu'un meurtre est chose relativement si facile et sans danger.

Ferrante

[S'il en est ainsi, cette facilité est une faiblesse, qui serait à ajouter à celles que vous croyez voir en moi. C'est une faiblesse que faire la chose la plus rapide, la plus brutale, celle qui demande le moindre emploi de l'individu. Ainsi il y a des galants qui préfèrent brusquer une femme inconnue, au risque d'en recevoir un soufflet, à lui adresser la parole : on les prend pour des forts, et ce sont des timides.] Quoi qu'il en soit, je ne regrette pas que vous m'ayez parlé avec tant d'ouverture. A tout cela je réfléchirai.

Il se lève.

Egas Coelho

Que Dieu assiste Votre Majesté et dirige son cœur.

Tous se lèvent.

Ferrante, *appelant.*

Holà! un page! *(Bas, au page Dino del Moro, qui est entré.)* Va mander doña Inès de Castro, et qu'elle attende dans la salle d'audience. *(A Egas Coelho.)* Vous, restez un instant.

Les autres sortent.

SCÈNE II

Ferrante, Egas Coelho

Ferrante

Pourquoi voulez-vous tuer doña Inès?

Egas Coelho

Mais... pour toutes les raisons que nous venons de dire à Votre Majesté.

Ferrante

Non, il y en a une autre. Vous êtes trop vif sur

cette affaire. Vous y mettez trop de pointe. Pourquoi voulez-vous tuer doña Inès ?

Egas Coelho

Que ma bouche se remplisse de terre si j'ai
parlé en vue d'autre chose qu'un surcroît de grandeur chez Votre Majesté.

Ferrante

Assez de miel : je veux régner sur des hommes
debout, non sur des hommes prosternés. Et puis,
il y a toujours sur le miel qu'on m'offre une abeille
pour me piquer. Pourquoi voulez-vous tuer
doña Inès ? Vous avez un secret. Je veux voir ce
que vous êtes, après ce que vous faites paraître.

Egas Coelho

Seigneur, que dire de plus que...

Ferrante

Il y a un secret ! Il y a un secret ! Un homme de
votre âge ne réclame pas si âprement la mort d'une
femme jeune, et belle, et douce, sans un secret.
Doña Inès vous a rebuté ? Vous êtes beau, pourtant,
vous aussi. Élégance, aisance, de tout cela vous
n'avez que trop. Vous êtes ondoyant comme une
flamme, comme une de ces mauvaises flammes
qu'on voit se promener sur les étangs pourris, et
qui s'éteignent quand on veut les toucher.

Egas Coelho

Que Votre Majesté demande à ses informateurs si j'ai vu doña Inès plus de trois fois en ma vie, et si je me soucie d'elle.

Ferrante

Alors? — Ce n'est pas un secret contre moi, au moins? — Je veux savoir ce que vous cachez. Je vous poursuis, et ne vous trouve pas. Regardez-moi dans les yeux.

Egas Coelho

Je vous regarde dans les yeux, et mon visage est clair.

Ferrante

Oui, vous me regardez dans les yeux, mais croyez-vous que je ne vous voie pas serrer les poings, de votre tension pour que vos yeux ne se dérobent pas? Et votre visage est clair. Mais croyez-vous que je ne sache pas ce qu'il peut y avoir derrière un visage clair?

Egas Coelho

Que Votre Majesté me donne sa main à baiser.

Ferrante

Baisons la main que nous ne pouvons couper.

Egas Coelho

Grand Roi, notre chef et notre père...

Ferrante

Je vous ferai brûler la langue, si vous me léchez
encore. La houle finit par abattre les murs qu'elle
a trop léchés. Un de mes Grands, qui est venu tard
à la cour, m'a dit que, le jour où il avait découvert
l'hypocrisie, il avait rajeuni de dix ans, tant c'était
bon. Est-ce vrai?

Egas Coelho

J'ignore.

Ferrante

Ah! c'est bon, n'est-ce pas? d'être fourbe. On se
sent vivre! N'est-ce pas? *(Geste « J'ignore! » d'Egas.)*
Il y a en vous quelque chose qui m'échappe, et cela
m'irrite. J'aime qu'un homme soit désarmé devant
moi comme le serait un mort. Il y a en vous une
raison ignoble, et je veux la percer. C'est entendu,
il me plaît qu'il y ait un peu de boue chez les êtres.
Elle cimente. En Afrique, des villes entières ne sont
bâties que de boue : elle les fait tenir. Je ne pourrais pas être d'accord longtemps avec quelqu'un
qui serait tout à fait limpide. Et d'ailleurs, tout
vice que le Roi approuve est une vertu. Mais,
lorsqu'il y a une raison ignoble, si je ne la blâme
pas, je veux la savoir. Elle m'appartient. Je veux
savoir la vôtre.

Egas Coelho

J'étais né pour punir.

Ferrante

Il y a autre chose.

Egas Coelho

Ce que Votre Majesté croira, je le croirai moi aussi, puisqu'Elle ne peut se tromper.

Ferrante

Debout! homme, debout! On est tout le temps à vous relever. Vous êtes tout le temps à genoux, comme les chameaux des Africains, qui s'agenouillent à la porte de chaque ville. Ah! quand je vois ce peuple d'adorants hébétés, il m'arrive de me dire que le respect est un sentiment horrible. Allons, parlez. Pourquoi voulez-vous tuer Inès de Castro?

Egas Coelho

Si Votre Majesté me bouscule ainsi, je dirai n'importe quoi : est-ce cela qu'Elle veut? Je répète que j'ai parlé.

Ferrante

C'est tout? *(Silence.)* Eh bien? *(Silence.)* Un jour vous serez vieux vous aussi. Vous vous relâcherez. Vos secrets sortiront malgré vous. Ils sortiront par votre bouche tantôt trop molle et tantôt trop

<u>crispée</u>, par vos yeux trop mouvants, toujours
volant à droite et à gauche en vue de ce qu'ils
cherchent ou en vue de ce qu'ils cachent. *(Silence.)*
[Vous me léchez et vous me trompez ensemble :
les deux, c'est trop. *(Silence.)*] Je sais qu'en tout
vous avez vos raisons, et ne regardez qu'elles, plutôt que mon service, et que ce sont des raisons
ignobles, mais je vous fais confiance quand même.
Cela est étrange, mais il n'y a que des choses
étranges par le monde. Et tant mieux, car j'aime les
choses étranges. Ou plutôt je sais bien pourquoi
je vous aime : parce que vous avez su capter ma
confiance sans la mériter, et j'aime les gens adroits.
Je vous fais confiance, oui, <u>fors</u> sur ce point-ci.
Je ne tuerai pas Inès de Castro. *(Silence.)* Vous avez
entendu ? Je ne tuerai pas doña Inès. — Pour sortir,
passez par mon cabinet. Vous y prendrez ma sentence contre l'évêque de Guarda. Vous voulez un
mort ? Vous avez l'évêque. <u>Saoulez-vous-en</u>. *(A
part.)* O Royaume de Dieu, vers lequel je tire, je
tire, comme le navire qui tire sur ses ancres! O
Royaume de Dieu! *(Appelant.)* Pages! *(Désignant
les tables.)* Enlevez ces tables. Elles m'écœurent.

> *Ferrante sort vers son cabinet. Seuls, les pages
> se mettent en devoir d'enlever la table.*

PREMIER PAGE, *bouffonnant*.

Nous, par la grâce de Dieu, sublime monarque,
taratata taratata...

Second Page, *de même.*

Que sa grandissime Majesté daigne avoir pour agréable... taratata taratata...

Troisième Page [Dino del Moro], *de même.*

Dominus vobiscum adjutorium nostrum... taratata taratata...

Ferrante, *qui est rentré, seul, et les a vus.*

Ainsi notre proverbe est vrai : « Les petits garçons jouent derrière l'autel. » Vous ne pouvez donc pas rester un instant sans faire de bêtises ?

Premier Page

Non, que Votre Majesté nous pardonne, nous ne le pouvons.

Ferrante

Comment ! Vous ne le pouvez !

Premier Page

Dieu nous a faits ainsi.

Ferrante

Eh bien ! alors, si Dieu... Sans doute faut-il le trouver bon. Faites entrer doña Inès de Castro. *(Les pages enlèvent la table.)* Au moins ne renversez pas l'écritoire : Dieu n'en demande pas tant.

Premier Page

Et que se passerait-il si nous renversions l'écritoire?

Ferrante, *surveillant la table.*

Voulez-vous faire attention!

Premier Page

Est-ce que nous serions pendus? *(Avec mimique bouffonne.)* Oh! on va être pendus! <u>Couic</u>! Couic!

Ferrante

Mes pauvres enfants, vous êtes encore plus stupides que les singes, dont on dit trop de bien.

SCÈNE III

Ferrante, Inès

Ferrante

Louez Dieu, doña Inès : mes pages n'ont pas renversé l'écritoire sur votre robe, — sur votre belle robe. Vous les avez entendus, comme ils rient : un jour de leur vie s'est écoulé, et ils ne le savent pas. [Ils n'ont pas plus peur de moi que n'en avait peur mon fils à leur âge. Ils me <u>heurtent</u> quelquefois par leur trop de franchise, mais quand ils seront hommes, c'est-à-dire hypocrites, je

regretterai l'époque de leur franchise.] Leur rôle
ici n'est pas ce que l'on pense : il est de me guérir
de mes Grands. Je viens d'avoir conseil avec deux
de ceux-ci. [Les Africains disent que celui qui a
autour de lui beaucoup de serviteurs a autour de
lui beaucoup de diables. J'en dirais autant des
ministres. Il sont là à vivre de ma vieille force
comme un plant de lierre d'un tronc d'arbre
rugueux. Des coquins qui m'enterreront! Mon
premier ministre est un diable merveilleux. Il
m'a joué à moi-même quelques tours, mais avec
un art infini. Aussi lui ai-je pardonné. Seulement,
sur qui m'appuyer? Sur les ennemis de mes ennemis? Eux aussi sont mes ennemis. Il n'y a que les
imbéciles pour savoir servir et se dévouer : les
seuls qui me sont dévoués sont des incapables.
Des affaires de poids traitées par des gens légers,
des avis sollicités avec la ferme intention de ne pas
les suivre, des réunions d'information où personne
ne sait rien, des débats suspendus sans conclure
parce qu'il est l'heure d'aller souper, des décisions
prises au hasard ou pour sauver des niaiseries
d'amour-propre, des indignations justes mais chez
des hommes qui sont aussi corrompus que ceux
qui les indignent, voilà, depuis trente-cinq ans, ce
que je vois au gouvernement.

Inès

S'il en est ainsi, Seigneur, cela n'est sans doute
pas particulier à notre royaume.

Ferrante

Non. <u>Dieu merci</u>, on se dit que cela doit être la même chose en face. C'est ce qui permet de continuer. Et le règne est comme la charité : quand on a commencé, il faut continuer. Mais cela est lourd, quelquefois. *(Désignant la fenêtre.)* Regardez ce printemps. Comme il est pareil à celui de l'an dernier! Est-ce qu'il n'y a pas de quoi en mourir d'ennui? Et c'est Dieu qui a créé cela! Il est bien humble.

Inès

C'est toujours la même chose, et pourtant il me semble que c'est toujours la première fois. Et il y a aussi des actes qui sont toujours les mêmes, et pourtant, chaque fois qu'on les fait, c'est comme si Dieu descendait sur la terre.

Ferrante

Pour moi, tout est <u>reprise</u>, <u>refrain</u>, <u>ritournelle</u>. Je passe mes jours à recommencer ce que j'ai déjà fait, et à le recommencer moins bien. Il y a trente-cinq ans que je gouverne : c'est beaucoup trop. Ma fortune a vieilli. Je suis las de mon royaume. Je suis las de mes justices, et las de mes bienfaits; j'en ai assez de faire plaisir à des indifférents. Cela où j'ai réussi, cela où j'ai échoué, aujourd'hui tout a pour moi le même goût. Et les hommes, eux aussi, me paraissent se ressembler par trop entre eux. Tous ces visages, ensemble, ne composent plus

pour moi qu'un seul visage, aux yeux d'ombre, et
qui me regarde avec curiosité. L'une après l'autre,
les choses m'abandonnent; elles s'éteignent, comme
ces cierges qu'on éteint un à un, à intervalles régu-
liers, le jeudi saint, à l'office de la nuit, pour signi-
fier les abandons successifs des amis du Christ.
Et bientôt, à l'heure de la mort, le contentement
de se dire, songeant à chacune d'elles : « Encore
quelque chose que je ne regrette pas. »

INÈS

« Bientôt »!... Mais Votre Majesté a devant Elle
de longues années de vie.

FERRANTE

Non. Bientôt mon âme va toucher la pointe
extrême de son vol, comme un grand aigle affamé
de profondeur et de lumière. En un instant, j'appa-
raîtrai devant mon Dieu. Je saurai enfin toutes
choses...

INÈS

Sire, si c'est votre conseil des ministres qui a mis
en Votre Majesté ces pensées funèbres, je voudrais
me jeter à genoux pour remercier Dieu de ne m'être
mêlée jamais à ces hommes-là.]

FERRANTE

Savez-vous ce qu'ils souhaitent? Une politique
d'intimidation contre don Pedro et contre vous.

L'Infante, hélas, repart demain. Elle me laisse
seul et dans ces salles souffletées de tous côtés
par son génie, me rongeant de n'avoir pu retenir
ce gerfaut à cause de vous et de vos sentimentalités.
Et pourtant je ne vous en veux pas. L'Infante est
une fille inspirée et fiévreuse : elle a été bercée sur
un bouclier d'airain; vous, on dirait que vous
êtes née d'un sourire... Mais il n'est pas dit qu'elle
m'échappe à jamais. Le mariage de don Pedro
et de l'Infante pourrait avoir lieu dans quelques
semaines ou quelques mois, si le Pape acceptait de
donner l'annulation, et si don Pedro y consentait.
Et mes Grands voudraient que j'obtienne ce consentement en sévissant contre le Prince et contre
vous. S'ils en avaient l'audace — que bien entendu
ils n'ont pas, — ils me demanderaient votre tête.
Ils sont acharnés après moi comme les chiens après
le taureau. Je résiste; alors ils m'accusent d'être
pusillanime. Comme par hasard, le dominicain
qui parlait hier soir à ma chapelle a fait un sermon
sur la fermeté! [Il est vrai, je n'estime rien tant
chez un homme que la modération dans l'exercice
d'un pouvoir quel qu'il soit. Il est parfois moins
admirable d'user de son pouvoir, que de se retenir
d'en user. Joint que la sensation d'un pouvoir
dont on n'use pas est sans doute une des plus fines
qui soient au monde. Mais cela est pris pour faiblesse, et il faut supporter d'être dédaigné à tort,
ce qui est la chose du monde la plus pénible à
supporter.]

Inès

Sire, si rigoureux que me paraisse le châtiment infligé à don Pedro, je comprends mieux maintenant qu'il pourrait l'être davantage, et je vous rends grâce pour votre bonté.

Ferrante

Pas de gratitude! Restez naturelle. Et puis, je vous en prie, ne me parlez pas de ma bonté. Il me passe quelquefois sur l'âme un souffle de bonté, mais cela est toujours court. Je ne suis pas bon, mettez-vous cela dans la tête. Je suis comme les autres : il arrive que je voie un serpent darder hors de moi sa tête brillante. Ce n'est pas par bonté que je ne punis pas plus rudement le Prince, c'est par raison : parce qu'un âne a fait un faux pas, devrait-on lui couper la jambe? Ce n'est pas par bonté que, vous, je ne fais rien contre vous, c'est surtout par politique. Comprenez bien ma situation. J'ai à obtenir deux choses. D'abord, que le Pape annule votre mariage. A Rome, tout s'achète, c'est entendu; mais le Pape est passionné contre moi, et il est comme les autres hommes : il préfère ses passions à ses intérêts. Malgré tout, naturellement, je vais chercher à négocier. Ensuite, il me faut amener don Pedro à accepter d'épouser l'Infante, si Rome annule. Pouvez-vous m'y aider?

Inès

Oh! Sire, que cela m'est dur! Tant de tendresse présentée devant Dieu, et qui serait...

Ferrante

Ne me parlez pas de tendresse. Il y a longtemps que ces sentiments-là ont cessé de m'intéresser. Soyez raisonnable; vous avez tout à y gagner. Allez voir Pedro, et tâchez de le convaincre.

Inès

Le voir?

Ferrante

Oui, je vous y autorise.

Inès

Ah, Sire, merci! Que vous me faites plaisir! Que vous me faites plaisir!

Ferrante

Modérez-vous. Il ne faut jamais avoir plaisir si vite.

Inès

Quand? Demain? [Toute ma vie se rouvre, comme la queue d'un paon qui se déploie.]

Ferrante

Demain. A la porte du château de Santarem. Des gardes se tiendront à distance.

Inès

Ne pourrai-je entrer au château, et rester seule un instant avec lui?

Ferrante

Non. Dehors. Et gardés à vue. Demandez-lui s'il est prêt à prendre l'engagement sacré d'épouser l'Infante, si Rome donne la dispense, et je relâcherai du tout ma rigueur. Je regrette de devoir poser des conditions. Les nécessités du règne m'ont forcé de me faire à ce langage.

Inès

Mais vous, ne voulez-vous pas le voir?

Ferrante

Devant lui, la patience me sortirait par tous les pores. D'ailleurs, nous vivons, moi et lui, dans des domaines différents. Sa présence m'ennuie et m'est à charge. Oh! ne croyez pas qu'il soit amer de se désaffectionner. Au contraire, vous ne savez pas comme c'est bon, de sentir qu'on n'aime plus. Je ne sais ce qui est le meilleur : se détacher, ou qu'on se détache de vous.

Inès

Se détacher de son enfant!

Ferrante

Mais oui, pourquoi pas? Vous l'éprouverez un jour avec Pedro, vous aussi. Les amours sont comme ces armées immenses qui recouvraient hier la plaine. Aujourd'hui on les cherche : elles se sont dissipées.

Inès

Pas le nôtre.

Ferrante

La plupart des affections ne sont que des habitudes ou des devoirs qu'on n'a pas le courage de briser.

Inès

Pour son fils!

Ferrante

Que m'importe le lien du sang! Il n'y a qu'un lien, celui qu'on a avec les êtres qu'on estime ou qu'on aime. Dieu sait que j'ai aimé mon fils, mais il vient un moment où il faut en finir avec ce qu'on aime. On devrait pouvoir rompre brusquement avec ses enfants, comme on le fait avec ses maîtresses.

Inès

Mais vous l'aimez encore, voyons!

Ferrante

Il ne le mérite pas.

Inès

Oh! si on se met à calculer ce que les êtres méritent!

FERRANTE

Tout ce que j'ai fait pour lui me retombe sur le cœur. Mettons que je l'aime assez pour souffrir de ne pas l'aimer davantage. Il me donne honte de moi-même : d'avoir cru jadis à mon amour pour lui, et de n'être pas capable d'avoir cet amour. Allez maintenant, doña Inès. Quand vous aurez vu don Pedro, vous reviendrez me voir. Vous me direz s'il est bien triste, s'il sent bien la <u>pointe</u> de la punition que je lui fais. A moins que vous ne me disiez qu'il consent, et alors vous me feriez une joie immense. Faites-la-moi : j'en ai grand besoin. Adieu.

SECOND TABLEAU

Le seuil (à l'extérieur) du château de Santarem. Site agreste.

SCÈNE IV

INÈS, PEDRO

INÈS, *se jetant dans ses bras.*

Ne parle pas! Ne parle pas! Mon Dieu, assistez-moi dans ce bonheur suprême! Il me semble que désormais je ne pourrai plus avoir de bonheur qui ne soit voisin de la folie...

PEDRO

Inès, si tu...

INÈS

Ne parle donc pas! Cet instant qui n'existera peut-être jamais plus. Ensuite, prête à tout subir. Mais que cet instant ne me soit pas retiré. Un instant, un petit instant encore, que je repose sur l'épaule de l'homme, là où l'on ne meurt pas. *(Repos.)* Être là, et que cela soit permis, et se dire que la terre peut porter de pareilles choses, et que cependant le mal et la mort continuent d'exister, et qu'il faudra mourir soi aussi!

PEDRO

Ces soldats qui nous observent...

INÈS

[Voilà les hommes : toujours à craindre le ridicule, et à le craindre là où il n'est pas. Les soldats nous regardent? Eh bien! Qu'ils nous regardent, qu'ils s'en emplissent les yeux. Qu'ils regardent et qu'ils disent si, eux, ils savent aimer comme cela. *(Repos.)* Est-ce ton cœur qui bat si fort, ou le mien?

PEDRO

Le nôtre.

INÈS

Je voudrais donner ma vie pour toi. Tu ris! Comment peux-tu rire?

PEDRO

De te voir si amoureuse. Tu t'es jetée sur moi comme le loup sur l'agneau!

INÈS

Et dire que je suis restée une heure étendue sur mon lit, avant de venir, pour être maîtresse de moi quand tu apparaîtrais! Quelles journées je viens de vivre! Ton nom prononcé dans ma solitude, prononcé dans mes rêves. Clouée comme par une flèche. Et je regardais le ciel et je criais : « Ah! un peu moins de ciel bleu, et le corps de l'homme que j'aime! »; je me relevais pour aller à la fontaine (cette eau si fraîche, mon seul soutien de toute la journée), ou bien pour cueillir une fleur que je rapportais dans ma chambre, afin qu'elle me tînt compagnie. Et voilà que je t'ai retrouvé. Et j'ai retrouvé l'odeur de tes vêtements... Quand je t'ai vu, mon cœur a éclaté. Ah! laisse-moi boire encore. Que je te tienne dans ma bouche comme font les féroces oiseaux quand ils se possèdent en se roulant dans la poussière.

PEDRO

Ces soldats sans cesse à nous épier...]

Inès

Eh bien! qu'ils tirent donc, avec leurs escopettes!
Car j'accepterais de mourir, moi et ce que je
porte en moi, oui, j'accepterais de mourir si la
mort devait me fixer à jamais dans un moment tel
que celui-ci. Non, tu ne peux savoir ce qu'ont
été ces quatre jours. Il y a une façon brave et
presque provocante de recevoir le premier assaut
du destin. Et puis, peu à peu, cela vous ronge.
C'est le troisième jour qu'il faut voir un être qui a
été frappé. Après trois jours, j'ai commencé à
être en sueur la nuit, et à m'apercevoir qu'en ces
trois jours j'avais maigri. Et quand j'ai été devant
ton père, j'ai été aussi faible que tu l'avais été.
Tu n'avais pas osé lui parler de notre mariage.
Je n'ai pas osé lui parler de notre enfant. Et je ne
sais comment j'ai pu m'en taire, car j'aime tant
de parler de lui.

Pedro

Que devient ce fameux petit garçon?

Inès

Le jour, il ne me préoccupe pas trop. C'est la
nuit... Il est au chaud de mon cœur, et je voudrais
me faire plus chaude encore pour l'abriter mieux.
Parfois il bouge, à peine, comme une barque sur
une eau calme, puis soudain un mouvement plus
vif me fait un peu mal. Dans le grand silence,

j'attends de nouveau son petit signe : nous sommes complices. Il frappe timidement; alors je me sens fondre de tendresse, parce que tout à coup je l'avais cru mort, lui si fragile. Je souhaite qu'il ne cesse pas de bouger, pour m'épargner ces minutes d'angoisse où je m'imagine qu'il ne bougera jamais plus. Et pourtant ce sont ces minutes-là qui rendent possible la joie divine de sa vie retrouvée.

PEDRO

Que le dur monde où il va aborder ne le traite pas en ennemi, lui qui n'est l'ennemi de personne. Que la profonde terre l'accueille avec douceur, lui qui ne sait rien encore de ses terribles secrets. Mais, dis-moi, comment le Roi t'a-t-il permis de venir me voir?

INÈS

Il voudrait... Mais moi je ne veux pas!

PEDRO

Quoi?

INÈS

Que j'obtienne ta promesse d'épouser l'Infante, si le Pape donne l'annulation. Mais moi je ne veux pas, je veux que tu restes à moi seule. Est-ce que tu m'aimes?

Pedro

Je t'aime comme le soleil aime le sable. Je t'aime,
et aussi j'aime t'aimer.

Inès

Alors, je t'ai manqué?

Pedro

O femme folle! Soyons sérieux. Mon père
t'a-t-il traitée doucement?

Inès

Fort doucement. Il m'a parlé avec un <u>abandon</u>
extrême. [Il était amer parce qu'il y a sans cesse
des gens qui lui traversent l'esprit contre nous, et
aussi parce qu'il est fatigué du trône. Comme, pour
venir à lui, toutes ces grandes salles désertes
évoquent bien la solitude qui doit être celle du
pouvoir! Et comme la lamentation intérieure y
doit résonner plus fort, retentir comme le pas sur
les dalles!] Il m'a priée de bien observer si tu
avais l'air triste, mais je crois sentir que, lorsqu'il
est sévère, il se force, et qu'il est par nature bien-
veillant et généreux.

Pedro

Il a fait pourtant des actes horribles.

Inès

Il y avait sans doute des raisons.

PEDRO

Oh! il y a toujours des raisons. Mais vouloir définir le Roi, c'est vouloir sculpter une statue avec l'eau de la mer.

INÈS

[Il m'a dit aussi un peu de mal de toi. Mais, quand on me dit du mal de toi, cela ne me peine pas. Au contraire, il me semble que je t'en aime davantage, que tu en es davantage à moi seule. Non, ce n'est pas de lui que j'ai peur.] Toute notre destinée dépend de lui, et de lui uniquement. Et cependant la peur que j'ai est une peur confuse, et qui ne provient pas de lui en particulier.

PEDRO

Quelle crainte ne sera pas sortie de ce cœur si triste! Quoi, maintenant encore, dans mes bras!

INÈS

Je songe à l'instant où je vais te quitter.

PEDRO

Inès, toujours dans le passé ou l'avenir! Toujours à me regarder comme si c'était la dernière fois. Tiens, qu'y a-t-il? Nos gardiens s'agitent...

INÈS

Mais tu ne penses donc qu'à eux! Si tu m'aimais vraiment, tu ne les verrais pas.

PEDRO

Tu as entendu? Un bruit de chevaux sur la route.

INÈS

Ah! assez! assez! Deux êtres ne peuvent donc pas s'étreindre sans qu'il y ait des hommes qui se dressent et qui leur disent : « Non »? Je ne bougerai pas.

PEDRO

Les soldats reviennent sur nous...

INÈS

Attends, ma mort, attends. Que d'abord je sois satisfaite. Je ne bougerai pas. Quand ce serait Dieu lui-même qui apparaîtrait dans ce buisson.

PEDRO

L'Infante!

INÈS

Elle! Ici! Sans doute, poussée par le Roi, elle vient avant de partir te demander à son tour cet engagement. Elle vient t'arracher à moi. Ne lui parle pas. Rentre dans le château et refuse de la recevoir. D'ailleurs, s'il le faut, c'est moi qui lui barrerai le passage.

> *Les soldats entourent le Prince et le ramènent au château.*

SCÈNE V

Inès, L'Infante

L'Infante, *à la cantonade*, *vers ses gens*.

Restez à distance, je vous prie, et attendez-moi. *(A Inès.)* Doña Inès de Castro !

Inès, *toutes griffes dehors*.

Votre Altesse !

L'Infante

Vous croyez que je suis venue voir le Prince. Pas du tout, c'est vous que je cherche. Vous avez vu le Roi, hier ?

Inès

Oui, Princesse.

L'Infante

Quelle impression vous a-t-il faite ? *(Geste vague, prudent, d'Inès.)* Eh bien, je vais vous le dire. La

chaîne de vos médailles a appuyé sur votre cou,
et l'a marqué d'une raie rouge. C'est la place où
vous serez décapitée.

Inès

Dieu !

L'Infante

Les princes mettent des lions sur leurs <u>armoiries</u>,
sur leurs <u>oriflammes</u>. Et puis un jour ils en trouvent
un dans leur cœur. Vous avez vu son visage vert ?
On dirait quelqu'un qui a oublié de se faire enter-
rer. Et avec cela les yeux lourds des lions. Le Roi
souffre de bientôt mourir : or, c'est à la fin du
combat de taureaux que le taureau est le plus
méchant. Oh ! je ne dis pas que le Roi ait la volonté
nette de vous faire tuer. Il est comme sont les hommes : faible, divers, et sachant mal ce qu'il veut.
Mais une pensée dangereuse comme une lame
a été glissée dans son esprit, et il ne l'a pas repoussée
aussi vivement qu'il eût dû.

Inès

Comment le savez-vous ?

L'Infante

Un des pages a parlé.

Inès

Un des pages !

L'Infante

Quelqu'un à moi s'est occupé des pages qui étaient hier à la porte du conseil, ou plutôt d'une petite réunion tenue entre le Roi, Alvar Gonçalvès et Egas Coelho. Deux des pages ne savaient rien, ou n'ont rien voulu dire. Le troisième, le plus jeune, avait écouté, et bien écouté.

Inès

Le plus jeune! Celui qui est si beau!

L'Infante

Un jeune démon est toujours beau.

Inès

Et il a parlé? Mais... par étourderie, n'est-ce pas?

L'Infante

Non, par passion.

Inès

Quelle horreur!

L'Infante

Vous voulez dire : chance bénie! Donc, Egas Coelho et Alvar Gonçalvès ont demandé votre mort. Le Roi aurait pu couper court, d'un non

énergique. Mais ils ont discuté interminablement.
« Comme des avocats », dit le page. A la fin, le
Roi a dit : « J'y réfléchirai. » Ensuite il est resté
seul avec Egas Coelho, mais le page était parti
vous chercher.

Inès

« J'y réfléchirai »... Ce n'est pas un arrêt de
mort... Le Roi, dans toute cette affaire, m'a traitée
avec tant d'ouverture...

L'Infante

Mon père dit du roi Ferrante qu'il joue avec sa
perfidie comme un bébé joue avec son pied.

Inès

« J'y réfléchirai »... Il a peut-être voulu se
donner du champ.

L'Infante

Doña Inès, doña Inès, je connais le monde et
ses voies.

Inès

Oh! oui, vous les connaissez. Penser qu'en trois
jours, vous, une étrangère, et si jeune, vous apprenez de tels secrets. Moi, j'aurais pu vivre des
années au palais, sans savoir ce qu'on y disait de
moi.

L'Infante

J'ai été élevée pour le règne.

Inès

Et don Pedro, le Roi a-t-il parlé de lui ?

L'Infante

Selon le page, Ferrante n'a pas parlé de son fils.
Et maintenant, doña Inès, je vous dis : je repars
demain, profitant de ce que les vents sont favorables. Regardez : un nuage en forme d'aile ! il vole
vers la Navarre. Et des nuages moutonnants : ils
paissent vers ma Navarre, toujours mouvante de
troupeaux. Oui, demain, à cette heure, si Dieu
veut, je fendrai la mer ténébreuse : avec quelle
véhémence les flots se rebelleront devant mon
étrave, et puis s'abaisseront étonnés, comme s'ils
savaient qui je suis ! Ma Navarre ! Je désire tant
la retrouver que j'appréhende presque ce que j'y
retrouverai. Eh bien ! je vous propose de venir
avec moi. Vous ferez partie de ma maison. Vous ne
serez pas en sûreté tant que vous serez au Portugal.
Mais, dès l'instant que je vous prends sous mon
manteau, le Roi n'osera pas vous toucher : m'offen-
ser une seconde fois, jamais ! Seulement, il faut
vous décider tout de suite, et laisser en l'état votre
Mondego. Je sais, les gens préfèrent mourir, à
quitter leurs affaires ou à se donner la peine de les
mettre en ordre promptement. Mais il faut voir

ce qui importe pour vous, si c'est le Mondego, ou
si c'est d'être vivante. Suivez-moi donc en Navarre,
et attendez. Ou le Roi mourra, et vous reviendrez
et régnerez. Ou le Roi fera périr son fils...

INÈS

Oh!

L'INFANTE

Pardonnez-moi!

INÈS

Mais qui peut vous faire croire...

L'INFANTE

Je ne crois pas que Ferrante y songe aujourd'hui.
Mais [aujourd'hui et demain ne sont pas fils de la
même mère, et moins que jamais sous le coup du
Roi. Il est naturellement incertain, et son art est
de faire passer son incertitude pour politique. Il
noie le poisson par hésitation et inconsistance, mais
il arrive à déguiser cette noyade en calcul profond.
Il affirme les deux choses contraires, à la fois
spontanément, parce qu'il est irrésolu, et systéma-
tiquement, afin de brouiller ses traces. Il mélange
avec danger des éléments inconciliables; nul ne
sait ce qu'il pense, mais c'est parce qu'il n'a pas
de pensée précise, hormis, quelquefois, sur son
intérêt immédiat.] Combien de temps croira-t-il

de son intérêt immédiat d'épargner don Pedro et vous ?

Inès

Je suis bouleversée. Mais, du moins, sachez ma gratitude... Que ce soit vous !

L'Infante

Il y a deux gloires : la gloire divine, qui est que Dieu soit content de vous, et la gloire humaine, qui est d'être content de soi. En vous sauvant, je conquiers ces deux gloires. Et notamment la seconde, car la nature m'ordonnerait plutôt de vous haïr. Mais je fais peu de cas de la nature.

Inès

Certes, Madame, car à votre place...

L'Infante

Vous vous oubliez, doña Inès. Personne ne peut se mettre à ma place.

Inès

Pardonnez-moi, Infante. Il est vrai, votre rang...

L'Infante

Où je suis, il n'y a pas de rang. Doña Inès, je vous tiens quitte de vos honnêtetés : vous n'y êtes pas heureuse. Mais quoi, vous êtes charmante

ainsi. [Apprenez que je n'ai jamais eu contre vous
de jalousie. Je n'étais même pas curieuse de vous
connaître. Tant don Pedro m'est indifférent. On
me disait : « Elle est belle », mais je pensais :
« Moi, je suis grande. Et ce qui est beau n'a jamais
pu égaler ce qui est grand. » Puis on me dit :
« Elle est pleine de douceur pour tous », et j'aimais
ces mots. Je les traduisais, dans mon langage à
moi : elle est l'amie de toutes les choses douces de la
terre. On me cita ce trait : que, depuis des années,
vous vous laissez coiffer on ne peut plus mal par
votre coiffeur, pour ne pas lui faire de peine en le
renvoyant. *(Inès porte la main à ses cheveux.)* Mais non,
vous n'êtes pas si mal coiffée. Vous êtes coiffée
par les mains de la Charité, c'est merveilleux !

Inès

C'est que j'ai parfois besoin de laisser reposer
mes cheveux. Alors, pendant une journée, je me
coiffe en chignon. Seulement, cela donne un
pli...

L'Infante

Vos cheveux sont très bien, je vous assure ; ne
vous en tourmentez plus. J'appris enfin que jusqu'à
vingt-quatre ans vous aviez vécu en Espagne : alors
je ne me suis plus étonnée de votre mérite. Et que
vous étiez enfant naturelle : et cela m'a plu.
J'ai donc souhaité de vous voir, et j'ai ordonné
à une de mes dames d'honneur, la marquise de

Tordesillas, de se placer auprès de vous pendant la messe, à <u>Santa Clara</u>, et de ne pas vous quitter, que je pusse vous reconnaître. Mais comme ces dames se levaient et changeaient de place à tout propos pour mieux <u>jacasser</u> entre elles, cela joint à l'uniformité de leurs habits et à l'obscurité de l'église, je finis par vous perdre de vue. Je fis donc rappeler la marquise, et lui enjoignis de déchirer un peu votre <u>mante</u>...

INÈS

Quoi, Altesse, c'était vous !

L'INFANTE

C'était moi. La déchirure s'ouvrait sur votre cou. Je vous ai suivie à cette petite blancheur qui bougeait dans la pénombre. Je vous ai regardée longuement, doña Inès. Et j'ai vu que don Pedro avait raison de vous aimer.

INÈS

Si vous le connaissiez mieux, vous sauriez que j'ai mille fois plus raison encore de l'aimer.

L'INFANTE

Je vous crois, pour vous être agréable. Et savez-vous qui je vais retrouver, à mon retour, en prières ? La marquise de Tordesillas, j'en suis sûre, priant pour que notre rencontre ait tourné à votre bien.] Allons, doña Inès, [exaucez les prières

de la bonne marquise]. Dites-moi que vous
m'accompagnerez en Navarre.

Inès

Non, Princesse, je ne puis.

L'Infante

Pourquoi ?

Inès

Quand l'oiseau de race est capturé, il ne se
débat pas. Vous parliez d'un nuage en forme
d'aile. Si j'avais une aile, ce ne serait pas pour
fuir, mais pour protéger.

L'Infante

Je sais, cela se paie cher, d'être noble. Mais vous
n'êtes pas « capturée ». Vous n'avez peut-être
qu'une nuit devant vous : du moins vous l'avez.

Inès

Non! Non! je ne peux plus être autre part
qu'à côté de lui! N'importe quelle condition,
même la plus misérable, pourvu que je ne le quitte
pas. Et, s'il le faut, mourir avec lui ou pour
lui.

L'Infante

Il n'y a pas d'être qui vaille qu'on meure pour
lui.

Inès

Un homme qu'on aime!

L'Infante

Je ne suis pas encore parvenue à comprendre comment on peut aimer un homme. Ceux que j'ai approchés, je les ai vus, presque tous, grossiers, et tous, lâches. Lâcheté : c'est un mot qui m'évoque irrésistiblement les hommes.

Inès

N'avez-vous donc jamais aimé, Infante?

L'Infante

Jamais, par la grâce de Dieu.

Inès

Mais sans doute avez-vous été aimée?

L'Infante

Si un homme s'était donné le ridicule de m'aimer, j'y aurais prêté si peu d'attention que je n'en aurais nul souvenir. *(Avec brusquerie et candeur.)* Vous entendez les passereaux? Ils chantent mes louanges. Oh! ne me croyez pas orgueilleuse : je n'ai pas d'orgueil, pas une once. Mais il n'est pas nécessaire, pour aimer les louanges, de s'en croire digne. Allons, Inès, venez! Je vous tends votre vie. Le souffle des rois est brûlant. Il vous consumera.

Inès

Il consume ce qui de toute façon sera consumé.
Je n'ai pas été faite pour lutter, mais pour aimer.
Toute petite, quand la forme de mes seins n'était
pas encore visible, j'étais déjà pleine d'amour pour
mes poupées; et il y en avait toujours une que
j'appelais l'Amant, et l'autre la Bien-Aimée. Et
déjà, si l'on m'avait ouvert la poitrine, il en aurait
coulé de l'amour, comme cette sorte de lait qui
coule de certaines plantes, quand on en brise la
tige. Aimer, je ne sais rien faire d'autre. Voyez
cette cascade : elle ne lutte pas, elle suit sa pente.
Il faut laisser tomber les eaux.

L'Infante

La cascade ne tombe pas : elle se précipite. Elle
fait aussi marcher les moulins. L'eau est dirigée
dans des canaux. La rame la bat, la proue la
coupe. Partout je la vois violentée. Oh! comme vous
êtes molle!

Inès

C'est quand le fruit est un peu mol, qu'il reçoit
bien jusqu'à son cœur tous les rayons de la
Création.

L'Infante

Je vous en prie, ne me faites pas l'éloge de la
mollesse : vous me blessez personnellement.

*(Elle fait asseoir Inès sur un banc, sur lequel elle s'assied
elle-même.)* Venez plutôt [en Espagne : vous y
reprendrez de la vigueur. Ne vous en cachez pas :
je sais qu'ici on n'aime pas l'Espagne. Le Portugal
est une femme étendue au flanc de l'Espagne ;
mais ce pays qui reste quand même <u>à l'écart</u>,
qui brûle seul, et qui est fou, empêche le Portugal
de dormir. Si j'avais épousé don Pedro, c'est moi
qui aurais été l'homme : je l'aurais empêché de
dormir.

INÈS

Altesse, puisque le Roi, dites-vous, ne peut que
vous satisfaire, je vous en supplie, obtenez d'abord
la grâce de don Pedro !

L'INFANTE

Ce n'est pas don Pedro, c'est vous que je veux
sauver. Venez [à <u>Pampelune</u>. Pampelune est
comme la cour intérieure d'une citadelle, <u>encaissée</u>
entre de hautes montagnes ; et il y a mon âme,
alentour, qui va de hauteur en hauteur, qui veille,
et qui ne permet pas... La main du Roi ne pourra
vous atteindre, par-dessus ces montagnes. Venez]
à Pampelune, même si ma cour est pour vous sans
attraits. La sensation d'être en sécurité donnerait
du charme à n'importe quel lieu, et vous retrouve-
rez votre âme avec votre sécurité.

INÈS

C'est lui qui est mon âme.

L'Infante

Vous êtes molle, et en même temps trop courageuse.

Inès

Ne me dites pas que j'ai du courage : je le perdrais dans l'instant.

L'Infante

A la naissance de vos seins, dans le duvet entre vos seins, un de vos cils est tombé. Il est là, comme la plume d'une hirondelle qui a été blessée dans son vol; il bouge un peu, on le dirait vivant. L'hirondelle est blessée, doña Inès. Combien de temps volera-t-elle encore, si elle ne trouve abri? Un jour elle n'annoncera plus le printemps, un jour il n'y aura plus de printemps pour elle sur la terre. Laissez-moi croire que je puis trouver encore les mots pour vous convaincre. Penser que vous aurez passé à côté de moi! Et moi, être l'Infante de Navarre, et échouer à convaincre! Et échouer à convaincre l'être auquel on veut tant de bien! [Comment le bien que l'on veut à un être ne resplendit-il pas sur votre visage et ne passe-t-il pas dans le son de votre voix, tellement qu'il soit impossible de s'y méprendre?] Mais [non, au contraire,] c'est peut-être mon visage qui vous effraie. Peut-être les visages nouveaux vous effraient-ils? Ou peut-être est-ce parce qu'il est

en sueur ? Ou peut-être en ai-je trop dit ? [Quand
on veut convaincre, et qu'on a dépassé le point
où c'était encore possible, tout ce qu'on dit de
surcroît ne fait que vous rendre suspect et endurcir
l'être qu'on veut convaincre.] Vous devez penser :
« Pourquoi y tient-elle tant ? N'y aurait-il pas un
piège ?... » O porte ! porte ! quel mot pour t'ouvrir ?
Je m'arrête, car ma bouche est desséchée. *(Temps.)*
N'est-ce pas ? vous regardez l'écume aux coins de
ma bouche. Cela vient de ma bouche desséchée,
et de l'ardeur de cette route, qui était pâle comme
un lion. Tout mon intérieur est desséché comme si
on m'avait enfoncé dans la gorge, jusqu'à la garde,
l'épée de feu de l'ange nocturne ; vous savez,
quand les voix de la muraille crièrent de nouveau :
« Sennachérib ! » Ah ! la chose insensée, qu'un
désir violent ne suffise pas à faire tomber ce qu'on
désire. Une dernière fois, Inès : venez-vous avec
moi ?

INÈS

Princesse, ne m'en veuillez pas : je ne puis.

L'INFANTE, *se levant.*

Eh bien, soit ! Vous avez laissé passer le moment
où je vous aimais. Maintenant, vous m'irritez.
Pourquoi votre vie m'importerait-elle, alors qu'elle
ne vous importe pas ?

INÈS, *se levant.*

Moi, Madame, je vous irrite ?

L'Infante

Vous me décevez. Allez donc mourir, doña Inès.
Allez vite mourir, le plus vite possible désormais.
Que votre visage n'ait pas le temps de s'imprimer
en moi. Qu'il s'efface et que je puisse l'oublier :
effacé comme une tache de sang sur les dalles,
qu'on efface avec de l'eau. J'aurais voulu que tout
mon séjour au Portugal s'évanouît comme un
mauvais rêve, mais cela n'est plus possible, à cause
de vous. C'est vous seule qui empoisonnez le
doux miel de mon oubli, comme il est dit de la
mouche dans le parfum au livre de nos saintes
Écritures. Partez, doña Inès, Dieu vous reste.
Est-ce que ce n'est pas beau, que, quoi qu'il
arrive, et même si on a péché, on puisse toujours
se dire : « Dieu me reste » ? Regardez vers le ciel,
où est Celui qui vous protégera.

Inès

Dieu me protégera, si j'en suis digne. Mais
pourquoi regarder le ciel ? Regarder le ciel me
ramène toujours vers la terre, car, les choses
divines que je connais, c'est sur la terre que je les
ai vécues.

L'Infante

Alors, ma chère, si vous ne voulez pas regarder
le ciel, tournez-vous d'un coup vers l'enfer.
Essayez d'acquérir le page, qui est d'enfer, et de

savoir par lui les intentions du Roi. Il s'appelle Dino del Moro. Il est <u>Andalou</u>. Les Andalous ne sont pas sûrs. Il trahira tout ce qu'on voudra.

INÈS

Je crois que jamais je n'aurai le cœur de pousser un enfant à trahir.

L'INFANTE

Même si votre vie et la vie de don Pedro sont en jeu ?

INÈS

Pedro !... Mais, quand même, un enfant ! Un enfant... pareil à ce que pourrait être un jour un fils à moi...

L'INFANTE

Eh bien ! doña Inès, soyez donc sublime, puis-que c'est cela décidément qui vous tente. Sublime en ne partant pas. Sublime en ne poussant pas à trahir. Allons, soyez sublime <u>tout votre saoul</u>, et mourez-y. Adieu.

> *Inès s'incline, prend la main de l'infante et va la baiser. Dans ce geste, le bracelet de pierreries de l'Infante se détache et tombe. Inès le ramasse et le lui tend.*

Gardez-le, Inès. Chez nous, une princesse de sang royal ne peut rien accepter, qui ne lui ait été tendu par quelqu'un de sa <u>maison</u>. Ce bracelet

qui joint si mal vous restera comme un symbole
de ce qui ne s'est pas joint entre nous.

INÈS

Si c'est un symbole, il y a des choses tellement
plus pures que le diamant...

L'INFANTE

C'est vrai. *(Elle prend le bracelet, le jette à terre, et
l'écrase sous son talon. Un temps.)* Embrassez-moi.
(Elles s'embrassent.) Dieu vous garde! *(Seule,
regardant au loin la cascade.)* Il faut laisser tomber
les eaux...

ACTE III

*Une salle du palais royal. Elle est presque dans l'obs-
curité. Seuls les abords de l'âtre, où un feu brûle, sont
éclairés par un foyer.*

SCÈNE PREMIÈRE

FERRANTE, INÈS, *puis* UN PAGE

FERRANTE

Les parfums qui montent de la mer ont une
saveur moins âcre que celle qu'exhale le cœur d'un
homme de soixante-dix ans. Je ne sais pourquoi
les hommes de cet âge feignent qu'ils vont vivre
éternellement. Pour moi, je ne m'abuse pas.
Bientôt la mort va m'enfoncer sur la tête son casque
noir. Je meurs d'ailleurs depuis longtemps; il ne
s'agit que d'achever la chose.

INÈS

Toujours, Seigneur, toujours ce sombre pressen-
timent !

FERRANTE

J'ai mes visitations. La nuit surtout : la nuit
est mère de toutes choses, et même d'effrayantes

clartés. [A l'heure la plus profonde de la nuit,
profonde comme le point le plus profond du creux
de la vague, couché dans la poussière de l'orgueil.]
Alors, souvent, mon cœur s'arrête... Quand il
recommence à battre, je suis tout surpris de me
retrouver vivant, — et un peu dépité.

[INÈS

Mais vos médecins...

FERRANTE

Je ne parle de mon mal à personne, et le monde
croit que je vais vivre mille ans. D'ailleurs, les
médecins... L'heure que Dieu a choisie, c'est
péché que vouloir la changer. Toutefois, vous
avez peut-être raison, et on peut poser comme
un <u>axiome</u> général qu'il vaut encore mieux être
assassiné par son médecin que par son fils.]
(Temps.) Cette nuit — à cause peut-être d'une
extrême tristesse que j'ai eue hier, — j'ai rêvé que
j'agonisais. Nulle souffrance physique, et lucidité
absolue. Il y avait sûrement une présence, car je
lui faisais remarquer que d'instant en instant je
m'affaiblissais. Et, d'instant en instant, des mar-
brures rouges apparaissaient sur ma peau. J'écrivais sur ma peau, et elle était si pourrie que la
plume par endroits la crevait.

INÈS

Et qu'écriviez-vous ?

FERRANTE

J'écrivais : « Bien meilleur et bien pire... »
Car j'ai été bien meilleur et bien pire que le monde
ne le peut savoir. Puis l'aube s'est montrée entre
les rideaux et les <u>croisées</u> de ma chambre, et ces
longues lignes de blancheur semblaient m'entourer
de grands cierges funéraires. Chaque nuit, ou
presque, s'entr'ouvrent pour moi de tels abîmes.
Alors, dans ces heures, je vois... Je vois tout ce que
j'ai fait et défait, moi, le roi de Portugal, vain-
queur des Africains, <u>conquêteur</u> des Indes, effroi
des rebelles, Ferrante <u>le Magnanime</u>, pauvre
pécheur. Et je vois que de tout ce que j'ai fait et
défait, pendant plus d'un quart de siècle, rien ne
restera, car tout sera bouleversé, et peut-être très
vite, par les mains hasardeuses du temps; rien ne
restera qu'un portrait, parmi douze autres, à
<u>l'Armeria de Coïmbre</u>, le portrait d'un homme
dont les gens qui viendront seront incapables de
citer un seul acte, et dont ils penseront sans plus,
en regardant ce portrait : « Celui-là a un nez plus
long que les autres. »

INÈS

Seigneur, la gloire des grands hommes est
comme les ombres : elle s'allonge avec leur cou-
chant.

FERRANTE

Ah! ne me parlez donc pas de ma gloire. Si vous

saviez comme je suis loin de moi-même. Et l'haleine fétide de l'admiration... Et puis, je ne suis
pas un roi de gloire, je suis un roi de douleur. Sur
l'étendard du Portugal, j'ai augmenté le nombre
de ces signes qui y représentent les plaies du Christ.
C'est un roi de douleur qui vous fait ce grand
<u>brame</u> de cerf dans la forêt. Mais je n'ai pas à me
retirer avant de mourir dans les forêts ou sur la
montagne, car je suis pour moi-même la forêt et
la montagne. Mes âmes enchevêtrées sont les
broussailles de la forêt, et j'ai dû, puisque j'étais
roi, me faire de ma propre pensée un haut-lieu et
une montagne.

[Un Page, *entrant.*

Sire, don Alvar Gonçalvès insiste pour que
Votre Majesté daigne le recevoir à l'instant.

Ferrante

Je dois le voir demain matin...

Le Page

Il dit que son message est de toute urgence.

Ferrante

Réponds-lui que je le verrai demain. *(Le page
sort. A Inès.)* Mais peut-être vous eût-il plu de
connaître un homme qui me demande de vous
faire assassiner.

INÈS

Sire!

FERRANTE

Voir vos contenances, à l'un et à l'autre, il faut avouer que c'eût été divertissant. *(Au page, qui vient de rentrer.)* Encore!]

LE PAGE (ou UN PAGE, *entrant.*)

Ce billet de la part de don Alvar.

FERRANTE, *ayant lu, et le visage changé.*

Malheur! Malheur! Malheur! Fais entrer don Alvar dans mon cabinet. Je l'y rejoins. Ensuite, tu ranimeras le feu. Il s'éteint. *(A Inès.)* Doña Inès, attendez-moi ici un moment.

Il sort vers son cabinet.

SCÈNE II

INÈS, DINO DEL MORO

INÈS, *à part.*

Le page avait donc dit vrai : ils veulent ma mort. *(Rentre le page, accompagné de Dino del Moro. Ils se mettent en devoir d'attiser le feu.)* Dieu! C'est

lui ! S'il pouvait être seul ! Lui parler... le gagner...
par lui, à l'avenir, savoir...

> *Scène muette. Le premier page sort un
> instant Inès se rapproche de Dino. Le premier
> page revient. Enfin il s'en va.*

INÈS, *avec embarras.*

Je sais que vous vous appelez Dino del Moro.

DINO DEL MORO

Pour vous servir, Madame. Quoique... ce ne soit
là qu'un surnom. Mon père est Fernando de Calla
Fuente, marquis de Duero. Il gouverne la province
du Genil. Mais on l'appelle Fernando del Moro
parce que, ayant découvert que son intendant,
un Morisque, continuait les pratiques païennes,
il le poignarda de sa main. Mon père, il a la force
de deux chevaux.

INÈS

Bravo ! Il y a longtemps que vous avez quitté
l'Andalousie ?

DINO DEL MORO

Un an. Vous ne connaissez pas le Genil ? C'est
le plus grand fleuve d'Europe. On dit qu'il prend
sa source dans le paradis.

INÈS

Et... cela ne vous attriste pas, de vivre séparé
de vos parents ?

Dino del Moro

Oh non!

Inès

Quel cri du cœur! On m'a parlé de vous, Dino del Moro.

Dino del Moro

Ah! l'Infante!

Inès

Ainsi donc... vous écoutez aux portes du Roi?

Dino del Moro

Je n'écoutais pas, Madame. Quelques mots surpris en passant...

Inès

Non, non! Vous écoutiez. Tout votre visage le crie. Oh! si vous pouviez le voir! Vous êtes aussi impuissant, physiquement, à cacher l'aveu de votre visage, que vous l'êtes à soulever un bahut entre vos bras. *(A part.)* Comment lui demander? Je ne sais que lui dire... *(Haut.)* Vous n'ignorez donc pas qu'il y a ici des hommes qui me veulent du mal, beaucoup de mal. Il est très important pour moi...

On entend des éclats de voix, dans le cabinet.

Dino del Moro

Ch... le Roi! Dites-moi n'importe quoi.

Inès, *à voix forte et affectée, désignant un brin de jasmin que le page porte à une boutonnière de son justaucorps.*

Ce jasmin, page... Déjà, l'autre jour, vous por-
tiez sur vous un œillet. Vous aimez donc tant les
fleurs ?

Dino del Moro

Quand j'étais petit, ma mère voulait que je
porte toujours une fleur sur moi.

Inès

Quand vous étiez petit!... Et ces fils d'or et
d'argent entremêlés à vos cheveux...

Dino del Moro

C'est aussi ma mère qui me les entremêlait ainsi
quand j'étais petit. Elle disait que c'était pour me
porter bonheur.

Inès

Mais maintenant, si loin de votre mère...

Dino del Moro

Maintenant, je me les mets moi-même.

Inès, *à part.*

Comme il est étrange ! *(A Dino.)* Votre mère...

(A part.) Cette complicité avec cet enfant... Et sa mère... Non, ce n'est pas possible! Je ne peux pas! *(A Dino.)* Dino del Moro, pourquoi écoutez-vous à la porte de votre Roi? Cela, c'est l'affaire des valets de chambre. Non du fils de Fernando del Moro.

DINO DEL MORO

Le Roi ne m'aime pas. Pourquoi l'aimerais-je?

INÈS

Il ne vous aime pas?

DINO DEL MORO

[Il est sans cesse à se moquer de moi. Oui, toujours! Pour mes cheveux, pour mon accent. Il ne peut pas me dire un mot sans se moquer de moi.

INÈS

S'il vous taquine, c'est sans doute qu'il vous aime, au contraire. Le chat laisse toujours une marque à son ami.

DINO DEL MORO

A la nuit — parce que c'est moi qui danse le mieux, d'entre les pages, — c'est moi qui saute et qui cueille les lucioles et qui les lui apporte dans le creux de ma main. Eh bien! il ne m'en sait nul gré.

Inès

C'est pourtant là une charge très importante que vous avez. Mais le Roi aime-t-il donc tant les lucioles ?

Dino del Moro

Il dit qu'elles lui ressemblent : alternativement obscures et lumineuses, lumineuses et obscures. Moi, quand il m'a dit qu'elles lui ressemblaient, je lui ai dit que c'étaient de vilaines bêtes.

Inès

Si vous dites au Roi des choses désobligeantes, ne vous étonnez pas qu'il vous en veuille peut-être un peu.] Mais, quand cela serait, est-ce une raison pour le tromper ?

Dino del Moro

Tout le monde le trompe, ici.

Inès

C'est bien pour cela que *vous*, vous ne devez pas le faire. S'il vous déplaît de le servir, demandez à vos parents de vous rappeler, sous un prétexte quelconque. Ne restez pas auprès de quelqu'un qui a confiance en vous, pour le trahir. Vous, si petit ! Quel âge avez-vous ?

Dino del Moro

Treize ans.

INÈS

Vous dites treize. Ce doit être douze, car il faut avoir l'air grand. Douze ans! Vous êtes un petit homme, avec déjà tout votre pouvoir de faire du mal. Non, ne continuez pas ainsi. Je vous le dis comme vous le dirait votre mère. *(Lui arrangeant les cheveux.)* Il ne faut pas que les fils d'or dans vos cheveux soient seulement pour vous porter bonheur, il faut qu'ils vous rappellent aussi que vous devez être pur comme eux.

DINO DEL MORO

Mais, Madame, ne vous ai-je pas été bien utile en répétant à l'envoyé de l'Infante...

INÈS

C'est vrai! C'est vrai! Et pourtant... ne continuez pas!

DINO DEL MORO

Le Roi!

Il sort précipitamment.

SCÈNE III

FERRANTE, [ALVAR GONÇALVÈS,] INÈS

FERRANTE

Supporter! Toujours supporter! Oh! cela use. Être sans cesse dans les mains des hommes! Avoir régné trente ans, et encore ligoté. [— Doña Inès, don Alvar Gonçalvès, qui m'éclaire souvent de ses conseils. Mais peut-être le connaissez-vous déjà ?

Alvar Gonçalvès

Si j'avais rencontré doña Inès, je n'aurais pu l'oublier.

Inès

Et moi, don Alvar, si je vous ai rencontré, je l'ai oublié. Mais cette rencontre-ci, soyez assuré que je ne l'oublierai pas.

Alvar Gonçalvès

Je vous supplie, Madame, de me garder vos bontés.

Inès

Tout juste autant que vous me garderez les vôtres.

Ferrante, *à Alvar*.

Revenez me voir demain matin. Mais sans illusions. Car il n'y a rien à faire, rien, rien !

SCÈNE IV

Ferrante, Inès

Ferrante

Si vous êtes restée libre, si don Pedro a regagné ses appartements au palais, pour n'y être plus que

consigné, c'est parce que je croyais tenir l'évêque
de Guarda. Et voici qu'il m'échappe.] Le nonce
me fait dire par don Alvar que le Pape accueille-
rait comme un outrage que je sévisse contre
l'évêque. [Le Pape ne donnera pas l'annulation :
à présent cela est sûr.] Je suis comme un lion tombé
dans une trappe. Je puis mordre, bondir, rugir : en
vain. Vous êtes liée à don Pedro, et ce lien ne
peut être brisé que par la mort du Pape, et des
dispositions différentes de son successeur à mon
égard. Oh! je suis fatigué de cette situation. Je
voudrais qu'elle prît une autre forme. J'ai l'habitude que les grandes affaires se règlent aisément et
vite, et les petites avec mille tracas et d'un cours
interminable. Celle-ci est grande et tracassante.
Et je suis fatigué de vous, de votre existence. Fatigué de vous vouloir du bien, fatigué de vouloir
vous sauver. Ah! pourquoi existez-vous? Enrageant
obstacle que celui des êtres! Un fleuve, une montagne, on comprend, on accepte. Mais une pauvre
chose molle de chair et de nerfs, qui se tient droit
on ne sait comment... Allons, tout ce que j'ai fait
est détruit. J'ai puisé avec un crible. Et c'est vrai,
pourquoi ce que j'ai fait subsisterait-il, puisque
moi, depuis longtemps, je ne subsiste plus ?
[L'arc de mon intelligence s'est détendu. Ce que
j'ai écrit, je demande : « De qui est-ce ? » Ce que
j'avais compris, j'ai cessé de le comprendre. Et ce
que j'avais appris, je l'ai oublié. Je meurs et il
me semble que tout est à faire, que j'en suis au

même point où j'étais à vingt ans.] Mes mains
sont ouvertes, tout m'a fui. J'ai joué de la flûte
pour l'amour de Dieu.

INÈS

[N'est-ce pas là notre sort commun ?

FERRANTE

Heureux celui qui a peu donné, et, ce qu'il
avait donné, qui l'a repris. Heureux celui de qui
les enfants ne portent pas le nom.

INÈS

Heureux celui qui entend ces paroles, et sur qui
elles coulent sans l'entamer!

FERRANTE

Je me suis écoulé comme le vent du désert,
qui d'abord chasse des lames de sable pareilles à
une charge de cavaliers, et qui enfin se dilue et
s'épuise : il n'en reste rien. Telles sont les pensées
profondes dont vous fait part le roi Ferrante,
pensées profondes dont cependant il ne garantit pas
l'originalité. Car j'entendais un jour, en passant
dans un couloir près d'une cuisine, un gâte-sauce
qui proclamait avec des gestes emphatiques :
« La culbute finale, tous, il faudra qu'ils y passent,
oui, tous! Le Roi comme les autres! » Et j'ai ap-
prouvé qu'au bout de ma philosophie je trouve un
valet de cuisine. Nous nous rencontrions plus tôt
encore qu'il ne le disait.]

SCÈNE V

Les mêmes,
Le Grand Amiral et Prince de la mer,
Egas Coelho, Deux autres Seigneurs

Le Prince de la mer

Seigneur, la gravité de la chose m'oblige à bousculer vos gardes. Une offense odieuse a été faite à Votre Majesté, dont la réparation exige des ordres immédiats. Un parti d'Africains a débarqué par surprise à Tavira, massacré des gens du port et crucifié le capitaine qui jetait des hommes contre eux, à côté du cadavre crucifié d'un chien. Ils se sont rembarqués presque sans pertes. L'insolence de ces misérables mérite un châtiment exemplaire. A Votre Majesté seule ils réservent leurs entreprises. Pensez-vous qu'ils eussent osé attaquer un port d'Andalousie ou de Valence ? Jamais !

Ferrante

Personne donc ne gardait la mer devant la côte du sud ?

Le Prince

Par suite d'une négligence très grave, la flotte de don Lourenço Payva croisait à ce moment tout entière au nord du cap Saint-Vincent.

Ferrante

Oui, c'est ainsi, il y a toujours quelques heures pendant lesquelles un royaume est sans défense : un trou, il suffit d'entrer. Et de même il y a toujours quelques heures où un homme fort est si faible, moralement et physiquement — tout étonné de tenir debout, — qu'en le poussant un peu on le ferait tomber. Par chance, il est rare que l'ennemi flaire ces heures. Ah! s'il savait!

Le Prince

C'est dans ces heures-là surtout qu'il importe d'avoir l'air déterminé. Je demande un châtiment implacable pour Lourenço Payva.

Ferrante

Quel châtiment ?

Le Prince

En temps ordinaire, j'aurais demandé une dure peine de prison. En ce moment-ci, je demande la mort.

Ferrante

Pourquoi être plus sévère en ce moment-ci ?

Le Prince

Parce qu'en ce moment-ci nous avons besoin de coupables.

FERRANTE

J'ai remarqué que l'on tue presque toujours trop
tôt. Encore quelques jours et le tué n'était plus si
coupable. Combien d'assassinats sont des malen-
tendus!

EGAS COELHO

Alors, Sire, on ne tuerait plus personne!

FERRANTE

Payva n'est-il pas un ancien serviteur ?

EGAS COELHO

Sire, j'attendais votre royale colère, et je
suis <u>confondu</u>...

FERRANTE

Quand on vieillit, les colères deviennent des
tristesses.

EGAS COELHO

Ou de la pitié. Et pour trouver la pitié il n'y a
qu'à se laisser aller, mais pour trouver la dureté
il faut qu'on se hausse. Or, on doit toujours se
hausser.

LE PRINCE

Le Roi est-il homme à pardonner une offense ?

FERRANTE

Oui, quand le pardon est à son avantage. Sans

doute, ce n'est pas le cas ici. Le sort de don Lourenço sera examiné. Qu'on m'en reparle.

LE PRINCE

Ainsi donc cet homme pourrait avoir la vie sauve! Sire, finissons-en : laissez-moi aller chercher la mort en Afrique, cette mort qui est épargnée aux traîtres. Mort, je ne serai plus témoin de l'impunité.

FERRANTE

Ne vous enflammez pas.

EGAS COELHO, *bas, aux seigneurs.*

Inès a le visage tranquille. Je n'aime pas ces entretiens qu'elle a avec le Roi. Elle en sort fortifiée. Restons dans l'ombre un instant, et écoutons ce qu'ils disent.

FERRANTE

Eh bien! que don Lourenço soit déféré à ma justice particulière. Je ne serai pas tendre.

LE PRINCE

Et n'allons-nous pas tenter, sur-le-champ, quelque chose contre les Africains?

FERRANTE

Pour le coup, cela, je l'examinerai plus tard. *(Lourdement.)* J'ai assez décidé pour aujourd'hui.

(A part.) La guerre... Des hommes qui ne valent pas de vivre. Et des idées qui ne valent pas qu'on meure pour elles.

SCÈNE VI

Ferrante, Inès. *Au fond de la pièce, dans l'ombre,* Egas Coelho et les seigneurs, *puis* d'autres personnages.

Inès

Est-ce que vous le ferez mettre à mort ?

Ferrante

J'y incline. Il y en a qui disent qu'un vieillard doit être rigoureux, parce qu'il lui faut aller vite. Et encore, que la cruauté est le seul plaisir qui reste à un vieillard, que cela remplace pour lui l'amour. Selon moi, c'est aller trop loin. Mais je croirais volontiers qu'une des meilleures garanties de longue vie est d'être insensible et implacable; voilà une cuirasse contre la mort.

Inès

Si vous étiez si méchant, vous ne le diriez pas.

Ferrante, *avec ironie.*

Je vois que vous avez une profonde connaissance de l'âme humaine.

Inès

Mais si Lourenço Payva n'était qu'à demi
coupable, quel remords vous vous prépareriez !

Ferrante

Les remords meurent, comme le reste. Et il y en
a dont le souvenir embaume. [Mais peut-être
toute cette histoire va-t-elle se dissiper comme une
fumée. Car savez-vous ce que je crois ? Qu'elle
est inventée de toutes pièces, ou du moins sensi-
blement gonflée.

Inès

Inventée ?

Ferrante

Il s'agit de m'humilier, après l'humiliation du
nonce. « Les Africains n'oseraient jamais débar-
quer en Andalousie ni dans le royaume de Valence. » On escompte que, blessé, je voudrai
blesser ; que, souris ici, pour me revancher je me
ferai matou là. Et matou contre qui ? Contre Pedro
et vous. Mais leur puéril calcul est déjoué. Je vois
trop clair dans leurs machines.

Inès

Vous êtes généreux pour nous, Seigneur. —
Si c'est une fable, Lourenço Payva ne sera donc
pas exécuté ?

Ferrante

Ma foi, c'en pourrait être l'occasion.

Inès

L'occasion! Mais l'exécuter pourquoi ?]

Ferrante

Le Grand Amiral l'a dit : nous avons besoin de
coupables en ce moment. Or, Lourenço Payva est
sûrement coupable de quelque chose. Tout le
monde est coupable de quelque chose. Tous ceux
qui sont en liberté ne savent pas ce qu'ils me
doivent. Et tous ceux qui sont en vie. Mais de
temps en temps il faut dire non et sévir, à peu près
au hasard : simple remise en main. Oui, on doit
sacrifier encore des vies humaines, même quand on
a cessé de prendre au sérieux leur culpabilité,
comme cette armure vide de la légende qui,
dressée contre le mur, assommait je ne sais quel
personnage qui passait sous son gantelet de fer.
[Ou bien je songe encore à notre roi Henri IV
de Castille, à qui certain sultan allait devoir
rendre la ville de Trujillo, qu'il occupait, quand le
Roi meurt. Alors, les hommes du Roi, craignant
que le sultan ne s'endurcisse à défendre la ville,
s'il apprend cette mort, installent le cadavre du
Roi dans un fauteuil, baissent la lumière dans la
salle — tenez, comme dans cette salle-ci, — et les
envoyés du sultan rendent les clefs de la ville au

Roi mort. Moi aussi je me suis retiré, moi et toute mon âme, de mon apparence de roi; mais cette apparence reçoit encore les honneurs, comme le cadavre du roi Henri, ou bien tue encore, et tue presque au hasard, comme l'armure vide.]

Don Eduardo, *à part.*

Le Roi délire. Cette magicienne l'ensorcelle. Son réveil sera terrible.

Le Prince de la mer, *à part.*

Il forcera au silence sans retour ceux qui auront surpris son secret.

Egas Coelho, *à part.*

Il fera tuer la magicienne. Mais moi aussi bien, s'il me trouve ici.

Il s'enfuit.

Inès

[Est-ce qu'on peut tuer pour quelque chose que l'on ne croit pas ?

Ferrante

Bien sûr, cela est constant. Et même mourir pour quelque chose que l'on ne croit pas. On meurt pour des causes auxquelles on ne croit pas, comme on meurt pour des passions qu'on n'a pas, et pour des êtres qu'on n'aime pas. Les Africains que j'ai vus en Afrique adoraient les pierres et les

sources. Mais qu'on leur dît que l'Islam était
menacé, ils se levaient et ils allaient périr dans
la bataille pour une religion qui n'était pas la
leur.]

Inès

Comment le Roi peut-il avoir déserté son armure,
lui qui me menait il y a quelques jours à la fenêtre
et qui me disait : « C'est moi qui maintiens
tout cela. Voici le peuple avec qui j'ai un traité... »?

Ferrante

Inès, cette nuit est pleine de prodiges. Je sens
que je m'y dépasse, que j'y prends ma plus grande
dimension, celle que j'aurai dans la tombe, et
qu'elle est faite pour que j'y dise des choses
effrayantes de pureté. Quand je vous ai dit :
« Il y a mon peuple... », je ne mentais pas, mais je
disais des paroles d'habitude, auxquelles j'avais
cru un jour, auxquelles je ne croyais plus tout à
fait dans l'instant où je les disais. J'étais comme une
vieille poule qui pondrait des coquilles vides...

Inès

Seigneur!

Ferrante

Ne soyez pas surprise. J'aime me confesser
aux femmes. C'est un penchant que j'ai. Je dois
aussi chercher à faire croire que je sens encore
quelque chose, alors que je ne sens plus rien. Le

monde ne fait plus que m'effleurer. Et c'est justice,
car je m'aperçois que, toute ma vie, je n'ai fait
qu'effleurer le monde.

Inès

Vous ne sentez plus rien !

Ferrante

Il y a les mots que l'on dit et les actes que l'on
fait, sans y croire. Il y a les erreurs que l'on commet,
sachant qu'elles sont des erreurs. Et il y a jusqu'à
l'obsession de ce qu'on ne désire pas.

Don Eduardo

C'est l'ivresse de <u>Noé</u> !

Il s'enfuit.

*Durant les répliques qui suivent jusqu'au
départ de l'ombre de l'Infante, dans le fond
obscur de la salle, des ombres apparaissent,
écoutent un moment, puis disparaissent avec des
gestes horrifiés.*

Ferrante

Je me suis lamenté tout à l'heure devant vous
comme une bête ; j'ai crié comme le vent. Croyez-
vous que cela puisse s'accorder avec la foi dans la
fonction royale ? Pour faire le roi, il faut une foi,
du courage et de la force. Le courage, je l'ai. La
force, Dieu me la donne. Mais la foi, ni Dieu ni
moi ne peuvent me la donner. Je suis prisonnier

de ce que j'ai été. Une des dames d'honneur de l'Infante disait devant moi que l'Infante était toujours crucifiée sur elle-même. Moi aussi, dans un autre sens, je suis crucifié sur moi-même, sur des devoirs qui pour moi n'ont plus de réalité. Je ne suis plus dans mon armure de fer. Mais où suis-je ?

[Inès

Certes, je vous comprends, Sire, car moi, vous savez, les devoirs d'État! Et l'avenir de la chrétienté! La chrétienté est au-dedans de nous. Mais alors, pourquoi reprochez-vous à don Pedro une indifférence qui est la vôtre même ?

Ferrante

J'ai atteint l'âge de l'indifférence. Pedro, non. Que faire de sa vie, si on ne s'occupe pas de ces sortes de choses ?

Inès

Aimer. Moi, je voudrais m'enfoncer au plus profond de l'amour partagé et permis, comme dans une tombe, et que tout cesse, que tout cesse... — Mais, si vous ne croyez plus aux affaires du royaume, il y a des actes qu'un roi peut faire pour son peuple, et qui ne sont que de l'homme pour l'homme. Il y a dans votre royaume cette grande misère, cette maladie de la faim qui est continuellement à guérir. A Lisbonne, sur le quai de

débarquement, j'ai vu les capitaines de votre
armée, Seigneur. Ils étaient debout, adossés au
mur, ils avaient leurs mains jointes comme dans
la prière, et ils suivaient des yeux ceux qui débar-
quaient, immobiles et sans rien dire. Et leurs
mains, en effet, étaient bien jointes pour une prière,
car ils demandaient l'aumône. C'étaient vos chefs
de guerre, Sire, et leur solde n'était pas payée.
Et moi, si j'avais été le Roi, j'aurais voulu aller
dénouer leurs mains moi-même et leur dire :
« Plus jamais vous n'aurez faim. » Et depuis ce
jour-là, il me semble que dorénavant j'aurai beau
manger et manger à ma guise, j'aurai toujours
faim, tant qu'eux ne seront pas rassasiés.

Ferrante

Aux chefs d'État on demande volontiers d'avoir
de la charité. Il faudrait aussi en avoir un peu
pour eux. Lorsqu'on songe aux tentations du pouvoir absolu, y résister, cela demande le respect.
Quant à vos capitaines, si j'étais plus jeune je me
dirais qu'il y a une maladie à guérir, bien pire que
la faim de leur corps, c'est la maladie de leur âme
immortelle, qui sans cesse a faim du péché. Mais
à mon âge on a perdu le goût de s'occuper des
autres. Plus rien aujourd'hui qu'un immense :
« Que m'importe ! » qui recouvre pour moi le
monde... Je voudrais ne plus m'occuper que de
moi-même, à si peu de jours de me montrer
devant Dieu ; cesser de mentir aux autres et de me

mentir, et mériter enfin le respect que l'on me
donne, après l'avoir si longtemps usurpé.]

L'Ombre de l'Infante, *dans le fond de la salle.*

Inès!

Inès

Qui m'appelle?

L'Ombre

Quelqu'un qui te veut du bien. Quitte cette
salle immédiatement. N'écoute plus le Roi. Il
jette en toi ses secrets désespérés, comme dans
une tombe. Ensuite il rabattra sur toi la pierre de
la tombe, pour que tu ne parles jamais.

Inès

Je ne quitterai pas celui qui m'a dit : « Je suis un
roi de douleur. » Alors il ne mentait pas. Et je
n'ai pas peur de lui.

L'Ombre

Comme tu aimes ta mort! Comme tu l'auras
aimée! Inès, Inès, souviens-toi : les rois ont des
lions dans le cœur... Souviens-toi : la marque de la
chaîne sur ton cou...

Inès

Oh! je vous reconnais maintenant!

L'Ombre

Tu ne m'as jamais reconnue. [Inès, Inès,
aussitôt sur la mer, j'ai trouvé les paroles que
j'aurais dû te dire pour te convaincre. Déjà toute
pleine du large, déjà mon âme, à contre-vent, était
rebroussée vers toi. Et tout à l'heure, quand il sera
trop tard, je trouverai ce qu'il eût fallu te dire à
présent.] Ah! il est affreux de ne pas savoir
convaincre.

Inès

Elle répète toujours le même cri, comme
l'oiseau malurus, à la tombée du soir, sur la tristesse des étangs.

L'Ombre

Inès, une dernière fois, éloigne-toi. — Non ?
Tu ne veux pas? Eh bien! toi aussi, à ton tour, tu
ne pourras pas convaincre.

Elle disparaît.

Ferrante, *le dos tourné aux ombres.*

Croient-ils que je ne les entends pas, qui chu-
chotent et s'enfuient ? Ils disent que je délire parce
que je dis la vérité. Et ils croient qu'ils s'enfuient
par peur de mes représailles, alors qu'ils s'enfuient
par peur et horreur de la vérité. Le bruit de la
vérité les épouvante comme la crécelle d'un
lépreux.

Inès

O mon Roi, je ne vous abandonnerai pas
parce que vous dites la vérité, mais au contraire,
moi aussi, je vous dirai enfin la vérité totale, que
j'ai un peu retenue jusqu'ici. O mon Roi, puisque
cette nuit est pleine de grandes choses, qu'enfin je
vous en fasse l'aveu : un enfant de votre sang se
forme en moi.

Ferrante

Un enfant! Encore un enfant! Ce ne sera
donc jamais fini!

Inès

Et que vous importe s'il trouble vos projets,
puisque vous venez de crier que vous ne croyez
plus à la fonction de roi! C'est ici que nous allons
voir si vraiment vous étiez <u>véridique</u>.

Ferrante

Encore un printemps à recommencer, et à
recommencer moins bien!

Inès

Moi qui aime tant d'être aimée, j'aurai fait
moi-même un être dont il dépendra entièrement de
moi que je me fasse aimer! Que je voudrais lui
donner de sa mère une idée qui le préserve de
tout toute sa vie! Il s'agit d'être encore plus <u>stricte</u>

avec soi, de se sauver de toute bassesse, de vivre droit, sûr, net et pur, pour qu'un être puisse garder plus tard l'image la plus belle possible de vous, tendrement et sans reproche. Il est une revi-sion, ou plutôt une seconde création de moi; je le fais ensemble et je me refais. Je le porte et il me porte. Je me fonds en lui. Je coule en lui mon bien. Je souhaite avec passion qu'il me ressemble dans ce que j'ai de mieux.

FERRANTE

Et, ce qu'il vous reprochera, c'est cela même : d'avoir voulu qu'il fût pareil à vous. Allez, je connais tout cela.

INÈS

S'il ne pense pas comme moi, il me sera un étranger, lui qui est moi. Mais non. Il est le rêve de mon sang. Mon sang ne peut pas me tromper.

FERRANTE

Le rêve... Vous ne croyez pas si bien dire. Vous êtes en pleine rêverie.

INÈS

Est-ce rêverie, cette chair que je crée de la mienne ? Oh! cela est grisant et immense.

FERRANTE

On dirait vraiment que vous êtes la première femme qui met au monde.

Inès

Je crois que toute femme qui enfante pour la première fois est en effet la première femme qui met au monde.

Ferrante

Je n'aime pas la naïveté. Je hais le vice et le crime. Mais, en regard de la naïveté, je crois que je préfère encore le vice et le crime.

Inès

Il me semble que je le vois, dans cinq ou six ans. Tenez, il vient de passer en courant sur la terrasse. En courant, mais il s'est retourné aussi. Mon petit garçon.

Ferrante

Un jour, en passant, il ne se retournera plus. Mais qui vous a dit que c'était un garçon ? L'astrologue ?

Inès

Je le veux trop ainsi.

Ferrante

Je comprends qu'un second Pedro soit en effet une perspective enivrante.

Inès

Oui, enivrante. Il s'appellera Dionis. Mon petit garçon aux cils invraisemblables, à la fois beau et grossier, comme sont les garçons. Qui demande qu'on se batte avec lui, qu'on danse avec lui. Qui ne supporte pas qu'on le touche. Qu'un excès de plaisir fait soupirer. Et, s'il n'est pas beau, je l'aimerai davantage encore pour le consoler et lui demander pardon de l'avoir souhaité autre qu'il n'est.

Ferrante

J'ai connu tout cela. Comme il embrassait, ce petit! On l'appelait Pedrito (mais quelquefois, s'il dormait, et qu'on lui murmurât son nom, il disait dans son sommeil : « Pedrito? qui est-ce ? »). Son affection incompréhensible. Si je le taquinais, si je le plaisantais, si je le grondais, à tout il répondait en se jetant sur moi et en m'embrassant. Et il me regardait longuement, de près, avec un air étonné...

Inès

Déjà!

Ferrante

Au commencement, j'en étais gêné. Ensuite, j'ai accepté cela. J'ai accepté qu'il connût ce que je suis. Il m'agaçait un peu quand il me faisait des bourrades. Mais, lorsqu'il ne m'en a plus fait... Car il est devenu un homme, c'est-à-dire la caricature de ce qu'il était. Vous aussi, vous verrez se défaire ce qui a été votre enfant. Jusqu'à ce

qu'il n'en reste pas plus en vous que n'est restée
cette page où pour la première fois, à cinq ans,
le mien écrivit son prénom, cette page que je
conservai durant des années, et qu'enfin j'ai
déchirée et jetée au vent.

INÈS

Mais un jour, peut-être, si vous l'aviez gardée,
en la revoyant vous vous mettriez à pleurer.

FERRANTE

Non, leurs mots ni leurs traits exquis ne sauvent
pas les êtres, à l'heure des grands règlements de
comptes.

INÈS

J'accepte de devoir mépriser l'univers entier,
mais non mon fils. Je crois que je serais capable de
le tuer, s'il ne répondait pas à ce que j'attends de
lui.

FERRANTE

Alors, tuez-le donc quand il sortira de vous.
Donnez-le à manger aux pourceaux. Car il est
sûr que, autant par lui vous êtes en plein rêve,
autant par lui vous serez en plein cauchemar.

INÈS

Sire, c'est péché à vous de maudire cet enfant
qui est de votre sang.

FERRANTE

J'aime décourager. Et je n'aime pas l'avenir.

INÈS

L'enfant qui va naître a déjà son passé.

FERRANTE

Cauchemar pour vous. Cauchemar pour lui aussi. Un jour on le déchirera, on dira du mal de lui... Oh! je connais tout cela.

INÈS

Est-il possible qu'on puisse dire du mal de mon enfant!

FERRANTE

On le détestera...

INÈS

On le détestera, lui qui n'a pas voulu être!

FERRANTE

Il souffrira, il pleurera...

INÈS

Vous savez l'art des mots faits pour désespérer! — Comment retenir ses larmes, les prendre pour moi, les faire couler en moi? Moi, je puis tout supporter : je puis souffrir à sa place, pleurer à sa place. Mais lui! Oh! que je voudrais que mon

amour eût le pouvoir de mettre dans sa vie un
sourire éternel! Déjà, cependant, on l'attaque,
cet amour. On me désapprouve, on me conseille,
on prétend être meilleure mère que je ne le suis.
Et voici que vous, Sire — mieux encore! — sur cet
amour vous venez jeter l'anathème. Alors qu'il me
semblait parfois que, si les hommes savaient combien j'aime mon enfant, peut-être cela suffirait-il
pour que la haine se tarît à jamais dans leur cœur.
Car moi, tant que je le porte, je sens en moi une
puissance merveilleuse de tendresse pour les
hommes. Et c'est lui qui défend cette région
profonde de mon être d'où sort ce que je donne
à la création et aux créatures. Sa pureté défend
la mienne. Sa candeur préserve la mienne contre
ceux qui voudraient la détruire. Vous savez contre
qui, Seigneur.

Ferrante

Sa pureté n'est qu'un moment de lui, elle n'est
pas lui. Car les femmes disent toujours : « Élever
un enfant pour qu'il meure à la guerre! » Mais il y a
pis encore : élever un enfant pour qu'il vive, et se
dégrade dans la vie. Et vous, Inès, vous semblez
avoir parié singulièrement pour la vie. Est-ce que
vous vous êtes regardée dans un miroir ? Vous êtes
bien fraîche pour quelqu'un que menacent de
grands tourments. Vous aussi vous faites partie de
toutes ces choses qui veulent continuer, continuer...
Vous aussi, comme moi, vous êtes malade : votre

maladie à vous est l'espérance. Vous mériteriez que Dieu vous envoie une terrible épreuve, qui ruine enfin votre folle candeur, de sorte qu'une fois au moins vous voyiez ce qui est.

Inès

Seigneur, inutile, croyez-moi, de me rappeler tout ce qui me menace. Quoi qu'il puisse paraître quelquefois, jamais je ne l'oublie.

Ferrante, *à part*.

Je crois que j'aime en elle le mal que je lui fais. *(Haut.)* Je ne vous menace pas, mais je m'impatiente de vous voir repartir, toutes voiles dehors, sur la mer inépuisable et infinie de l'espérance. La foi des autres me déprime. [Il n'y a que les enfants qui puissent croire ainsi dans le vide, sans être déprimants. L'espérance! Lourenço Payva, lui aussi, à cette heure, est plein d'espérance. Et cependant il va mourir, immolé au bien de l'État.

Inès

Mourir! Est-ce donc décidé?

Ferrante

Oui, depuis un instant, cela est décidé.

Inès

Mourir! Et pour l'État! Votre Majesté parle encore de l'État!

Ferrante

Et pourquoi non ? Ah! je vois, il vous semble que j'ai dit que je ne croyais pas à l'État. Je l'ai dit, en effet. Mais j'ai dit aussi que je voulais agir comme si j'y croyais. Tantôt vous oubliez, tantôt vous vous rappelez trop, doña Inès. Je vous conseille de ne pas vous rappeler trop ce que j'ai dit, dans cette sorte de crise de sincérité, quand ces <u>coquins</u> s'enfuyaient pour ne pas m'entendre.

Inès

J'aurais peut-être dû m'enfuir, moi aussi.

Ferrante

C'est le sort des hommes qui se contraignent à l'excès, qu'un jour vient où la nature éclate; ils se <u>débondent</u>, et déversent en une fois ce qu'ils ont retenu pendant des années. De là qu'à tout prendre il est inutile d'être secret.]

Inès

Sire, puisque Votre Majesté connaît désormais l'existence de mon enfant...

Ferrante

En voilà assez avec cet enfant. Vous m'avez étalé vos entrailles, et vous avez été chercher les miennes. Vous vous êtes servie de votre enfant à venir, pour remuer mon enfant passé. Vous avez cru habile de me faire connaître votre maternité en ce moment, et vous avez été malhabile.

INÈS

Ainsi Votre Majesté me reproche de n'avoir pas
été habile!

FERRANTE

Oui, je vous le reproche.

[INÈS

Je n'ai pas « cru habile ». Je vous ai parlé de
votre petit-fils au moment où vous souffriez, où
vous étiez faible, non pour profiter de cet affaiblis-
sement, mais parce qu'alors vous disiez la vérité :
j'ai voulu vous la dire moi aussi, et vous rendre
confiance pour confiance. J'ai fait confiance en
vous à la nature humaine, comme je lui ai fait
confiance toute ma vie. Laissez-moi avoir confiance
en vous, Sire. Est-ce qu'il ne serait pas beau de
pouvoir vous dire : « Roi qui êtes comme une main
sur mon front... »? Vous ne faites jamais confiance
à l'homme, vous ?

FERRANTE

Je fais quelquefois confiance à sa crainte.

INÈS

Moi, je n'ai jamais pu croire que l'homme, sauf
exceptions rares, rendît méfaits pour générosité.
Vous vous étonnez peut-être, Sire, que je n'aie
pas plus peur de vous. Mais, dans ces heures où
l'on doute d'un être, où l'on est tentée d'avoir peur

de lui, — dans ces heures où l'on me mettait en
garde contre vous, — je me disais : « Non, le père
de l'homme que j'aime, et auquel je n'ai jamais
voulu et fait que du bien, n'agira pas contre moi. »
Et d'ailleurs, si on doit être puni seulement pour
avoir eu trop confiance, eh bien! tant pis : on
est puni par les hommes, mais on ne l'est pas
devant Dieu. Voilà, Sire, pourquoi je n'ai pas et
ne peux pas avoir très peur de vous, bien que j'aie
depuis longtemps une peur vague de *quelque chose*.

Ferrante

Je vois que vous êtes très consciente de votre
générosité, et que vous en attendez même une ré-
compense.] Mais laissons cela. De ce que vous
m'avez dit, je retiens que vous croyez m'avoir
surpris dans un instant de faiblesse. Quelle joie
sans doute de pouvoir vous dire, comme font les
femmes : « Tout roi qu'il est, il est un pauvre homme
comme les autres! » Quel triomphe pour vous!
Mais je ne suis pas faible, doña Inès. C'est une
grande erreur où vous êtes, vous et quelques autres.
Maintenant je vous prie de vous retirer. Voilà une
heure que vous tournaillez autour de moi, comme
un papillon autour de la flamme. Toutes les
femmes, je l'ai remarqué, tournent avec obstination autour de ce qui doit les brûler.

Inès

Est-ce que vous me brûlerez, Sire? Si peu que je

vaille, il y a deux êtres qui ont besoin de moi. C'est pour eux qu'il faut que je vive. — Et puis, c'est pour moi aussi, oh oui! c'est pour moi! — Mais... Votre visage est changé; vous paraissez mal à l'aise...

FERRANTE

Excusez-moi, le tête-à-tête avec des gens de bien me rend toujours un peu gauche. Allons, brisons là, et rentrez au Mondego rassurée.

INÈS

Oui, vous ne me tueriez pas avant que je l'aie embrassé encore une fois.

FERRANTE

Je ne crains pour vous que les bandits sur la route, à cette heure. Vos gens sont-ils nombreux ?

INÈS

Quatre seulement.

FERRANTE

Et armés ?

INÈS

A peine. Mais la nuit est claire et sans embûches. Regardez. Il fera beau demain : le ciel est plein d'étoiles.

FERRANTE

Tous ces mondes où n'a pas passé la Rédemption... Vous voyez l'échelle ?

INÈS

L'échelle ?

FERRANTE

L'échelle qui va jusqu'aux cieux.

INÈS

L'échelle de Jacob, peut-être ?

FERRANTE

Non, pas du tout : l'échelle de l'enfer aux cieux.
Moi, toute ma vie, j'ai fait incessamment ce trajet ;
tout le temps à monter et à descendre, de l'enfer
aux cieux. Car, avec tous mes péchés, j'ai vécu
cependant enveloppé de la main divine. Encore
une chose étrange.

INÈS

Oh! Il y a une étoile qui s'est éteinte...

FERRANTE

Elle se rallumera ailleurs.

SCÈNE VII

FERRANTE, *puis* UN GARDE
puis LE CAPITAINE BATALHA.

FERRANTE

Pourquoi est-ce que je la tue ? Il y a sans doute
une raison, mais je ne la distingue pas. Non seule-

ment Pedro n'épousera pas l'Infante, mais je
l'arme contre moi, inexpiablement. J'ajoute encore
un risque à cet horrible manteau de risques que je
traîne sur moi et derrière moi, toujours plus lourd,
toujours plus chargé, que je charge moi-même à
plaisir, et sous lequel un jour... Ah! la mort, qui
vous met enfin hors d'atteinte... — Pourquoi est-ce
que je la tue ? Acte inutile, acte funeste. Mais ma
volonté m'aspire, et je commets la faute, sachant
que c'en est une. Eh bien! qu'au moins je me
débarrasse tout de suite de cet acte. Un remords
vaut mieux qu'une hésitation qui se prolonge.
(Appelant.) Page! — Oh non! pas un page. Garde!
(Entre un garde.) Appelez-moi le capitaine Batalha.
(Seul.) Plus je mesure ce qu'il y a d'injuste et
d'atroce dans ce que je fais, plus je m'y enfonce,
parce que plus je m'y plais. *(Entre le capitaine.)*
Capitaine, doña Inès de Castro sort d'ici et se met
en route vers le Mondego, avec quatre hommes à
elle, peu armés. Prenez du monde, rejoignez-la,
et frappez. Cela est cruel, mais il le faut. Et ayez
soin de ne pas manquer votre affaire. Les gens
ont toutes sortes de tours pour ne pas mourir. Et
faites la chose d'un coup. Il y en a qu'il ne faut pas
tuer d'un coup : cela est trop vite. Elle, d'un coup.
Sur mon âme, je veux qu'elle ne souffre pas.

LE CAPITAINE

Je viens de voir passer cette dame. A son air,
elle était loin de se douter...

FERRANTE

Je l'avais rassurée pour toujours.

LE CAPITAINE

Faut-il emmener un confesseur ?

FERRANTE

Inutile. Son âme est lisse comme son visage. *(Fausse sortie du capitaine.)* Capitaine, prenez des hommes sûrs.

LE CAPITAINE, *montrant son poignard.*

Ceci est sûr.

FERRANTE

Rien n'est trop sûr quand il s'agit de tuer. Ramenez le corps dans l'oratoire du palais. Il faudra que je le voie moi-même. Quelqu'un n'est vraiment mort que lorsqu'on l'a vu mort de ses yeux, et qu'on l'a tâté. Hélas, je connais tout cela. *(Exit le capitaine.)* Il serait encore temps que je donne un contre-ordre. Mais le pourrais-je? Quel bâillon invisible m'empêche de pousser le cri qui la sauverait? *(Il va regarder à la fenêtre.)* Il fera beau demain : le ciel est plein d'étoiles... — Il serait temps encore. — Encore maintenant. Des multitudes d'actes, pendant des années, naissent d'un seul acte, d'un seul instant. Pourquoi? — Encore maintenant. Quand elle regardait les étoiles, ses yeux étaient comme des lacs tranquilles... Et dire qu'on me croit faible! *(Avec saisissement.)* Oh! —

Maintenant il est trop tard. Je lui ai donné la vie
éternelle, et moi, je vais pouvoir respirer. — Gardes! apportez des lumières! Faites entrer tous ceux
que vous trouverez dans le palais. Allons, qu'atten-
dez-vous, des lumières! des lumières! Rien ici ne
s'est passé dans l'ombre. Entrez, Messieurs, entrez!

SCÈNE VIII

FERRANTE,
GENS DU PALAIS, *de toutes conditions,*
dont EGAS COELHO.

FERRANTE

Messieurs, doña Inès de Castro n'est plus. Elle
m'a appris la naissance prochaine d'un bâtard
du prince. Je l'ai fait exécuter pour préserver
la pureté de la succession au trône, et pour supprimer le trouble et le scandale qu'elle causait dans
mon État. C'est là ma dernière et grande justice.
Une telle décision ne se prend pas sans douleur.
Mais, au delà de cette femme infortunée, j'ai mon
royaume, j'ai mon peuple, j'ai mes âmes; j'ai la
charge que Dieu m'a confiée et j'ai le contrat que
j'ai fait avec mes peuples, quand j'ai accepté d'être
roi. Un roi est comme un grand arbre qui doit
faire de l'ombre... *(Il porte la main sur son cœur et
chancelle.)* Oh! je crois que le sabre de Dieu a
passé au-dessus de moi...

On apporte un siège. On l'assoit.

Egas Coelho

Mon Roi! — Vite, cherchez un médecin!

Ferrante

J'ai fini de mentir.

Egas Coelho

Ne mourez pas, au nom du ciel! *(Bas.)* Pedro roi, je suis perdu.

Ferrante

Maintenant je ne te demande plus ton secret. Le mien me suffit. Je te laisse en paix.

Egas Coelho

Vous me laissez en enfer. Mais non, vous n'allez pas mourir, n'est-ce pas ?

Ferrante

Dans un instant, je serai mort, et la patte de mon fils se sera abattue sur toi.

Egas Coelho

Inès n'est peut-être pas morte. Un billet, griffonnez un billet... J'essaierai de les rejoindre sur la route.

Ferrante

Elle est morte. Dieu me l'a dit. Et toi tu es mort aussi.

Egas Coelho

Non! Non! Ce n'est pas possible!

FERRANTE

On arrachera ton cœur de ta poitrine et on te
le montrera.

EGAS COELHO

Non! Non! Non!

FERRANTE

Avant d'expirer, tu verras ton propre cœur.

EGAS COELHO, *hagard.*

Qui vous l'a dit ?

FERRANTE

Dieu me l'a dit.

EGAS COELHO, *se jetant à genoux aux pieds du Roi.*

Ne me poussez pas au désespoir.

FERRANTE

Le désespoir des autres ne peut plus me faire peur.

EGAS COELHO

Vivez, mon Roi, vivez, je vous en supplie!

FERRANTE

Je cède quelquefois à qui ne me supplie pas;
jamais à qui me supplie.

EGAS COELHO, *se relevant.*

Alors laissez-moi fuir. Vivez un peu! Seulement
un peu! Le temps que je fuie... *(Aux assistants.)*
Vivants de chair et de sang, mes compagnons, vous

qui allez vivre, n'est-il pas un de vous qui veuille
que je reste en vie ? *(Silence.)* Il n'y a donc personne
qui veuille que je vive ? *(Silence.)*

FERRANTE, *le prenant par le poignet.*

Messieurs, je ne sais comment l'avenir jugera
l'exécution de doña Inès. Peut-être un bien, peut-
être un mal. Quoi qu'il en soit, voici celui qui,
avant tout autre, l'a inspirée. Veillez à ce qu'il en
réponde devant le roi mon fils. *(Egas Coelho cherche
à fuir. Des assistants l'entourent et l'entraînent.)* O mon
Dieu! dans ce répit qui me reste, avant que le
sabre repasse et m'écrase, faites qu'il tranche ce
nœud épouvantable de contradictions qui sont en
moi, de sorte que, un instant au moins avant de
cesser d'être, je sache enfin ce que je suis. *(Il attire
Dino del Moro et le tient serré contre lui.)* Que l'innocence de cet enfant me serve de sauvegarde quand
je vais apparaître devant mon Juge. — N'aie pas
peur, et reste auprès de moi, quoi qu'il arrive...
même si je meurs... Dieu te le rendra, Dieu te le
rendra, mon petit frère... — Bien meilleur et
bien pire... *(Il se lève.)* — Quand je ressusciterai...
— Oh! le sabre! le sabre! — Mon Dieu, ayez
pitié de moi!

Il s'écroule.

DINO DEL MORO, *mettant un genou en terre devant le
cadavre du Roi.*

Le Roi est mort! *(Extrême confusion. Voix diverses:)*
Il faut aller chercher un médecin! — Vous voyez

bien qu'il est mort. — Que l'on ferme les portes
du palais!

Au milieu de ce tumulte, on apporte sur une civière
Inès morte, pendant que des cloches sonnent. Le tumulte
à l'instant s'apaise. En silence, tous s'écartent du
cadavre du Roi étendu sur le sol, se massent du côté
opposé de la scène autour de la litière, à l'exception
de Dino del Moro qui, après un geste d'hésitation, est
resté un genou en terre auprès du Roi. A ce moment
apparaît don Pedro; il se jette contre la litière en
sanglotant. Le lieutenant Martins entre à son tour,
portant un coussin noir sur lequel repose la couronne
royale. Pedro prend la couronne et la pose sur le ventre
d'Inès, puis il se tourne vers l'officier des gardes;
celui-ci dégaine; tous les gardes font de même et pré-
sentent l'épée. Alors Pedro force par son regard l'assis-
tance à s'agenouiller; le Prince de la mer ne le fait
qu'à regret. Pedro s'agenouille à nouveau, et, la tête
sur le corps d'Inès, il sanglote. L'assistance commence
à murmurer une prière.

A l'extrême droite, le corps du roi Ferrante est
resté étendu, sans personne auprès de lui, que le page
andalou agenouillé à son côté. Le page se lève avec
lenteur, regarde longuement le cadavre, passe avec
lenteur vers la civière, hésite, se retourne pour regar-
der encore le Roi, puis, se décidant, va s'agenouiller
avec les autres, lui aussi, auprès de la civière. Le
cadavre du Roi reste seul.

FIN

COMMENT FUT ÉCRITE
LA REINE MORTE

Jᴇᴀɴ-Lᴏᴜɪs Vᴀᴜᴅᴏʏᴇʀ a raconté comment, en octobre 1941, il me prêta trois volumes d'anciennes pièces espagnoles, me suggérant d'en traduire une à nouveau pour la Comédie-Française. Mais — modestie ou oubli? — il n'a pas dit que, des quatorze pièces contenues dans ce recueil, et que je lus toutes, celle qui m'a servi de point de départ pour *la Reine Morte* était précisément l'une des deux qu'il me signalait. Tant il avait bien flairé ce qui pouvait me convenir.

D'abord, il ne s'était agi que de traduction. Puis très vite je pensai : il n'y a qu'une adaptation qui m'intéresse. Puis, de ma lecture, je conclus que dans ces trois tomes il n'y avait rien pour moi. Toute cette production dramatique du « siècle d'or » est peut-être un moment important de l'histoire du théâtre : superficielle et sans caractères, elle n'a pas d'importance humaine. Vaudoyer m'avait pointé sur *Aimer sans savoir qui*, de Lope de Vega, et *Régner après sa mort*, de Guevara. *Amar* me parut une pièce plutôt agréable, mais il n'y avait pas la moindre nécessité à ce que je m'insérasse sur elle. Quant à *Reinar*, voici la note par laquelle, le 10 octobre 1941, je résumai pour moi-même mon impression :

« Rᴇɪɴᴀʀ. — Non. C'est une armature que je pourrais garder mais en changeant tout ce qu'il y a dedans, aussi bien les caractères que le dialogue. Or, ces situations sont on ne peut plus éloignées de ce que je puis nourrir de moi-même. Un roi qui tue la femme qui s'oppose à la bonne constitution du royaume! Un prince devant sa femme morte! Et qu'il y ait si peu à prendre à Guevara; qu'il s'agisse, sans plus, de substituer une création de moi à la sienne. »

J'ai la malheureuse habitude de me réveiller au milieu de la nuit, chaque nuit sans exception, et de rester alors un certain temps éveillé, ou quelques minutes, ou quelques heures. Réveillé dans la nuit qui suivit cette lecture, tout changea de forme. Comment chacun des personnages de *Reinar*, et chacune de ses situations, pouvaient-ils être branchés sur ma vie intérieure, de façon à en être irrigués? Comment les *placer*, de façon qu'il y eût prise? Comment les allumer à moi? Dans un court temps — pas plus d'une heure, je crois, — il se fit une large mutation et appropriation, semblable à celles que nous voyons se faire dans les films documentaires sur les sciences naturelles, quand nous est représentée en une minute telle croissance végétale qui dans la réalité s'accomplit en plusieurs semaines. Tout se mit à bouger. Chaque personnage et chaque situation de Guevara, qui étaient pour moi des choses mortes, vinrent se coller sur ma vie privée et s'en nourrir. Déjà je pouvais les appeler mes créations. Dans le silence de la nuit, je sentais affluer en elles le sang qui sortait de moi-même. L'infante devenait malade d'orgueil, parce que je fus ainsi en certaines périodes de ma jeunesse. Le roi, dont le caractère est à peine esquissé chez Guevara, prenait forme, pétri de moments de moi. Inès n'était plus une femme qui a un enfant, mais une femme qui en attend un, parce qu'il y avait là une matière humaine que des dames amies m'avaient rendue familière, etc. Chacune de ces créatures devenait tour à tour le porte-parole d'un de mes *moi*. Enfin je pressentais que je pourrais dire un jour, de tout ce qu'il y aurait dans cette œuvre, le mot du roi Ferrante : « Je connais tout cela », ou encore, reprenant ce que je disais jadis d'*Aux Fontaines du désir* : « Tout cela a été crié. » Bref, *la Reine Morte* rentrait dans la règle qui gouverne toutes mes œuvres, auxquelles j'applique le mot de Gœthe sur les siennes : qu'elles ne sont jamais, l'une ou l'autre, que des fragments de ses mémoires.

Dès lors (à condition de refaire entièrement la pièce espagnole, en ne conservant que quelques éléments de son armature), je pus annoncer à Vaudoyer que j'écrirais *la Reine Morte*. Puis je n'y pensai plus, assuré qu'à l'heure choisie je ferais de cette œuvre ce que je voudrais.

En mai 1942, je me donnai cinq semaines pour écrire la pièce. J'allai à Grasse et m'enfournai dans ce travail. Je voulais que tout fût fini à telle date, parce que, s'il y a de certaines œuvres romanesques sur lesquelles il n'est pas mauvais de s'endormir un peu en les écrivant, sur une œuvre théâtrale il ne faut pas dormir du tout. Ce fut alors une cuisine vraiment infernale; mettons une alchimie, mot plus noble. De nouveau, le rapprochement s'impose, avec la vie monstrueuse des plantes, telle que nous la voyons dans les documentaires de cinéma. Grouillement, éclosions saugrenues, accouplements hybrides, métamorphoses extravagantes : si le monde pouvait se douter de quoi et comment est faite une œuvre! « Mais qui donc verse en lui ce qu'il reverse en nous ? » se demande Hugo, de Palestrina, je crois. Oui, qui donc? et quoi donc? Ah! si le monde savait! Dans l'état de création où j'étais, tout ce qui tombait sur moi fleurissait incontinent. Mon sujet attirait, polarisait, pompait tout, et le fécondait. Là-dedans je fourrais tout, comme Cellini jette son argenterie, et quelque objet de métal qui se trouve sous sa main, dans le métal en fusion qui va devenir le *Persée :* un fait divers lu dans le journal, un souvenir de lecture, des paroles qui venaient de m'être dites étaient utilisés sur-le-champ. Le Hasard lui aussi est une Muse.

Et c'est ici qu'il faut toucher un mot de cette particularité si importante de la vie créatrice : *l'unité de l'émotion.* Stendhal a écrit de Michel-Ange qu'il allait voir le Colisée quand il travaillait à Saint-Pierre : « Tel est l'empire de la beauté sublime : un cirque donne des idées pour une église. » Pareillement je dirai : « La colère que vous éprouvez ressort dans votre art en cris de tendresse; la douleur en cris de plaisir; peu importe de quelle espèce est votre émotion, il suffit que vous soyez ému. » Aussi — mon art étant un art pathétique — ai-je toujours béni tout ce qui dans ma vie m'a échauffé, assuré que du métal bouillonnant je pourrais faire ce que bon me semblerait; l'essentiel était qu'il y eût bouillonnement. De ce phénomène donnerai-je un exemple? En 1929, j'écrivais *Pasiphaé*. Là-dessus un vieil écrivain, et fort honoré, à deux jours de distance me pose deux lapins. J'entre en fureur; le dépit de l'amour-propre blessé insinue son feu dans les cris de l'héroïne fabuleuse, qui sont des cris de désir, d'horreur, de douleur, tous sentiments sans rapport ni sans proportion avec l'amour-propre blessé. De même une partie du pathétique de *la Reine Morte*, et notamment toute l'expression « maternelle » d'Inès, sont nées de situations ou d'incidents aussi éloignés du sujet que *Pasiphaé* put l'être des lapins de mon vieux confrère. Je le répète, le public serait effaré s'il savait dans quelle marmite de sorcière a bouilli une œuvre littéraire avant de lui être présentée. (A l'effarement du public s'il savait comment est fabriquée une œuvre correspondrait l'effarement de l'auteur s'il savait comment son œuvre est comprise dans le public. Mais vive le malentendu!)

Je travaillais dans la campagne de Grasse, aussi ennuyeuse que l'est toute campagne. (J'ai des idées naïves sur le bienfait de « prendre l'air ». Dieu sait à quel point j'ai pu œuvrer contre moi-même en m'entêtant à écrire *dehors* la plupart de mes ouvrages; et je suis convaincu que *la Reine Morte*, notamment, eût été quelque chose de plus trapu si je l'avais écrite dans une chambre; sans parler du temps perdu : ce qui a été bouclé en cinq semaines l'eût été en trois.) Pourtant, même assis le cul en terre, parmi les épouvantables délices de la *res rustica*, je veux dire le soleil qui vous aveugle, le vent qui surexcite vos feuillets, les mouches, les vers de terre, les fourmis, les chenilles, les toiles d'araignées, les tessons de bouteille et les étrons, je connaissais ces moments extraordinaires, quand le sang aux joues, l'accélération des battements du cœur, le frisson dans le dos, etc. communiquent à l'artiste la sensation d'un état sacré. Ces phénomènes, et la facilité inouïe de la création romanesque (surtout de la création dramatique, dont la facilité et la rapidité me paraissent monstrueuses), nous donnent alors l'illusion du miracle, mais ce n'est bien qu'une illusion;

car l'œuvre a été longuement portée, et cette transe n'est que la crise de dénouement d'un travail interne, insensible et sporadique, qui dure peut-être depuis des années. Les jours qui suivirent celui où je composai la mort de Ferrante, je ne pouvais relire ce passage sans que les larmes me vinssent aux yeux. Bravo! Où irions-nous, grand Dieu, si les créateurs romanesques ne mettaient pas une petite pointe d'hystérie dans leur affaire! Ces larmes m'ont été rendues, du moins en quelque sorte, par le public de la Comédie-Française : dans la salle, transformée chaque soir par l'hiver en une vaste salle d'hôpital, les mouchoirs tirés des spectateurs coryzateurs et sans gêne permettaient à l'auteur et aux acteurs de croire que Margot avait pleuré.

C'est à Grasse aussi que naquirent et se développèrent, entièrement constitués et viables d'un seul coup, mais cette fois en quelques minutes d'insomnie (entendons-nous : d'insomnie lucide, et non de demi-rêve, car je n'ai jamais eu l'honneur d'avoir des états seconds), les personnages d'Egas Coelho et du petit page Dino del Moro, inexistants pour moi jusqu'alors, et désormais si importants : le premier n'est qu'à peine dans Guevara, le second n'y est pas du tout. L'invention proprement dite de la pièce était faite, d'ailleurs, presque en entier, durant ces insomnies au fort de la nuit; c'était l'heure profonde des grandes germinations.

La pièce fut terminée avec quelques jours d'avance sur mon horaire. De toute cette poussière de petits faits et de petites phrases qui m'avaient été fournis par l'extérieur, je pouvais dire : « J'ai pris la poussière des autres et je m'en suis doré. » Mais de la pièce de Guevara je ne pouvais penser que ce que m'écrivit plus tard Marcel Arland : « Tout ce qui compte dans *la Reine Morte* est de vous. » Il me semble aujourd'hui que cette *Reine Morte* est — avec *les Olympiques* — celui de mes ouvrages auquel je suis le plus attaché. Et toutefois, comment n'en vouloir pas un peu à quelque chose qui est presque vous-même, et qui existera encore, quand, vous, vous n'existerez plus?

Maintenant, dans les mêmes lieux où fut écrite *la Reine Morte*, une autre œuvre[1] pointe, se gonfle et commence de rouler, comme une lame naît au même point où naquit la lame précédente, et la remplace sur la surface de la mer.

1943.

---

1. *Fils de Personne.*

QUAND NOS PRISONNIERS
JOUAIENT *LA REINE MORTE*

PAR UN ANCIEN PRISONNIER

Nous fûmes conduits le 17 juin 1940 au kommando de Wistznitz, à vingt-huit kilomètres de Leipzig. Nous devions rester cinq ans dans ce paysage apocalyptique, fait d'immenses trous noirs, de lacs d'eau noire, — le noir du charbon. Nous étions affectés au travail de la mine.

Comme dans presque tous les autres kommandos, la troupe théâtrale commença (pas avant le printemps 1941) par un accordéon, puis un banjo, puis une guitare : chansonnettes, clowneries et pitreries. Un jour on me demanda si je pouvais faire une robe avec de vieux chiffons, afin d'habiller un de nos camarades en Martiniquaise pour une attraction en plein air. Je me mets au travail et avec de vieux caleçons, de vieilles chemises, un peu de teinture achetée aux Allemands contre des cigarettes, j'entreprends de faire à la main mon premier costume : cinquante-six mètres de volants jaune clair et vert foncé, montés sur un fond de vieux chiffons! Ce fut le début de notre théâtre.

Nos premières pièces, jouées en plein air, furent des pièces en un acte : *Seul; la Dame de bronze et le Monsieur de cristal*, de Duvernois; *les Grands Garçons; Faisons un rêve*, etc.

Pour la Noël 1942, les Allemands nous permirent de disposer de la scène de la Turnhalle de Borna qui avait des dimensions assez vastes : 11 mètres de face, 8 de profondeur, 6 m 50 de haut, avec une salle de quinze cents places. Nous y débutâmes par *Gringoire*, dans une mise en scène un peu music-hall peut-être, mais il nous fallait compenser la pauvreté de notre matériel par tout ce que nous pouvions trouver de brillant : ruban or, papier argent, teinture, jeux de lumière, etc.

Le succès de *Gringoire* m'avait donné l'idée de faire représenter pour la Noël suivante une œuvre de caractère plus grandiose. C'est alors que nous recevons dans un colis de la Croix-Rouge *la Reine Morte* de Montherlant. Je lis la pièce, je suis emballé, mais je n'en dis rien à personne, quand un camarade de la troupe, piqué lui aussi de beau théâtre, me pousse à la monter. Nous nous décidâmes enfin, non sans de nombreuses discussions avec ceux de nos camarades qui faisaient valoir toutes les difficultés à vaincre pour mettre sur pied une pareille œuvre.

En juin 1942, je commençai, en même temps que les répétitions, mon premier costume, celui de l'Infant. Je fis ensuite celui de Pedro. Je le voulus tout blanc pour montrer le caractère droit du prince en opposition avec le costume noir de son père au caractère tortueux et sombre. Le collant est un caleçon à moi ; le justaucorps est taillé dans un morceau de molleton blanc parsemé de borax. Il me fallait d'énormes manches gigot à fond rouge vif : un drapeau nazi fit l'affaire. Les torsades sur les manches étaient de molleton blanc ; les bourrelets de fourrure blanche étaient de laine de verre (isolant qui sert pour les installations de chauffage central). Le col, la ceinture, les poignets étaient faits de ce ruban de laine or dont on garnit les arbres de Noël. Les poulaines, le chapeau, de molleton blanc également. Le manteau était mon sac de couchage.

Je fis ensuite le costume du roi Ferrante avec de vieilles chemises et des caleçons noirs, ce qui n'était pas difficile car quelques-uns d'entre nous, travaillant comme mineurs, avaient du linge en tissu noir. Les fleurs stylisées du pourpoint furent brodées avec du câble électrique d'aluminium, sur de vieilles couvertures. Ce costume put être rapporté à Paris par un de nos camarades, en juin 1945 (ainsi que la maquette de l'acte III). N'a-t-il pas quelques titres à figurer au musée de la Comédie-Française ?

Quand chaque costume était terminé, il était mis dans une

grande boîte à nouilles et camouflé jusqu'au jour de la représentation. Je vois encore la tête des sentinelles quand elles nous ont vu retirer de ces boîtes toute cette garde-robe.

Nos autres pièces ne nous avaient jamais demandé plus de deux mois pour les monter. *La Reine Morte* nous en demanda sept. Les répétitions nous donnaient beaucoup de mal. Nous n'arrivions jamais à nous rencontrer tous ensemble, les uns travaillant de nuit, les autres le matin, d'autres l'après-midi. Nous devions procéder comme au cinéma, par séquences. Il fallait compter aussi avec les alertes.

J'ai souvent dit à mes camarades que, pour obtenir un minimum de résultats, il fallait toujours travailler au maximum. Nous n'avions pas chez nous de talents supérieurs à ceux qu'on pouvait trouver dans les autres kommandos, nous n'étions pas triés. Hormis mon ami Georges Redon et moi, aucun de nous n'avait joué même en amateur ou au patronage. Comment faire monter ces gars sur scène sans que paraisse leur gaucherie? Il fallait recourir parfois à des subterfuges. C'est ainsi que j'eus l'idée de faire évoluer les hérauts d'armes militairement, sous la conduite d'un de nos gradés. Je me souviens du « demi-tour à droite » parfait, du déploiement en arc de cercle autour d'Inès de Castro que l'on venait de ramener morte sur la scène. C'est au travail que nous apprenions nos rôles, quelquefois par un froid qui allait jusqu'au-dessous de moins 15 degrés, la plupart d'entre nous en maniant la pioche dix heures par jour au fond de la mine, souvent tirant notre rôle de notre poche, à la dérobée, pour que l'Allemand qui nous surveillait ne pût nous surprendre. Ferrante recopiait ses tirades sur de petits bouts de papier qu'il collait sur le manche de sa pelle. Les cabinets, où l'on pouvait s'isoler, nous servaient aussi beaucoup pour apprendre nos rôles. Quelle place ont tenu les cabinets dans l'élaboration de *la Reine Morte!*

Cependant je continuai mes costumes : peau de lapin blanc pour le corsage d'Inès, déchets de tulle empesé pour sa jupe. Pour les cottes de mailles des gardes j'avais collec-

tionné tout le papier d'étain de nos biscuits, de nos choco-
lats, de nos cigarettes. Sur un fond de vieux tissus teints en
rouge, je les cousis à la machine. La machine faisait froncer
le papier en mille facettes, la moindre source de lumière
jouait là-dessus : cela était d'un gros effet. Le costume de
l'Infante fut taillé dans un rideau. Chacun de ces costumes
eut son histoire. Il y en eut trente-deux de faits pour *la
Reine Morte*. Bien que, par les journaux, nous eussions connaissance des décors et des costumes de la Comédie-Française, je voulus ne rien copier; nos décors et nos costumes
furent originaux.

Que de mal il nous en a coûté pour conserver ce matériel !
Un jour on désinfecte le magasin : tous nos tissus sont maculés
et les papiers d'étain ternis. Un jour ce sont les grillons qui
dévorent tout notre tulle amidonné et tout le poil du molleton. Un jour, c'est une fouille qui nous coûte notre matériel
électrique. Il fallait tout recommencer.

Pour les décors nous utilisâmes principalement des bâches
de papier goudronné, de 4 m 50 sur 6 mètres, qui servaient
à recouvrir les wagons de briquettes.

Il fallait qu'à chaque tableau il y eût un clou. La cheminée
du IIIe acte par exemple, était un clou. Dans l'âtre, de
grandeur d'homme, il y avait un feu avec des flammes de
voile de soie actionnées par un ventilateur camouflé dans
la marche. Elles étaient éclairées par deux diffuseurs, un
jaune, un rouge, et elles bougeaient et changeaient de teinte
selon qu'elles étaient présentées à l'un ou à l'autre. A côté
de la cheminée, un grand candélabre de trois mètres de
haut, œuvre du prince Pedro de Portugal, qui soudait à la
fabrique et rentrait au kommando en pièces détachées, à la
barbe des sentinelles, des morceaux de ferraille pris dans la
mine, et un autre candélabre de l'autre côté de la scène.
Soit en tout seize bougies, que j'ai fondues une à une, chaque
soir, avec de la graisse de cheval qu'un copain m'apportait
de la boucherie où il travaillait. La mèche était une corde.
Ça fumait beaucoup, mais ça donnait de belles flammes.

Le vitrail fut un autre clou. Les vitres étaient remplacées

par la cellophane de toutes couleurs qui enveloppait nos pains d'épices dans nos colis. Un projecteur derrière.

Toute la troupe travailla à *la Reine Morte*. Les chaussures étaient faites par des gens du métier, avec du carton et du tissu; les bijoux par un joaillier, avec du papier argent et or : les pierreries étaient de cellophane de toutes couleurs montée sur boutons (le diadème de l'Infante et la couronne royale étaient de véritables joyaux). Le cardinal — car nous avions ajouté un cardinal! — s'était fait lui-même sa croix pastorale, découpée dans du contre-plaqué et recouverte du papier vieil or qui enveloppe le *viandox*.

Les meubles eux aussi étaient faits par des spécialistes. Chacun rapportait de la mine qui une planche, qui un rouleau de papier, des pointes, du matériel électrique pris sur les machines. Nos couvertures devinrent des tapis.

La représentation eut lieu à la Noël 1943 devant quinze cents prisonniers ou travailleurs civils de la région, et un certain nombre d'officiers allemands. Elle eut un grand retentissement, et, devant le succès, la pièce fut reprise par nous en mai 1944.

A vrai dire, à la première, j'étais un peu inquiet. Comment le public allait-il réagir? Les détracteurs disaient que nous allions à un four certain; que, pour des prisonniers, il fallait de la rigolade : *Les Dégourdis de la XI*e ou *le Tampon du Capiston*. Je leur rétorquais que nous jouions devant un public parce que nous ne pouvions quand même pas jouer devant des chaises vides, mais qu'il fallait monter des pièces pour soi aussi. Si ça plaisait, tant mieux; sinon, tant pis. Et ça plut.

Dès les premières répliques, je vis que le public était pris. Beaucoup n'en ont compris que l'intrigue, mais malgré tout, pendant les trois actes, la salle marcha à fond; et le concierge allemand me fit un immense plaisir quand, après la séance, il vint me dire que nombre de mes camarades, dans la salle, avaient le mouchoir à la main au dernier acte. Chose curieuse, personne ne toussait. Ce même concierge avait bien failli crier « au feu » quand il avait vu les flammes dans la cheminée.

Ce dernier acte, joué dans la pénombre, était d'un effet saisissant. La fin, qui était jouée sans une seule parole, était particulièrement scénique. Et, pendant que l'orchestre attaquait une marche funèbre recopiée de mémoire pour la circonstance, le rideau se baissait très lentement tandis que Dino del Moro, qui se trouvait agenouillé sous un candélabre, se faisait conscienciensement arroser de graisse de cheval par les bougies qui inondaient tant qu'elles pouvaient son manteau blanc et sa perruque blonde à fils d'or.

Je me suis souvent demandé ce qu'auraient été pour nous ces cinq années sans le théâtre. Il nous a aidés à penser moins à notre sort, nous a appris l'art du débrouillage, nous a permis d'éduquer quelques-uns de nos camarades, et nous-mêmes, car c'est en travaillant nos textes, celui de *la Reine Morte* surtout, que nous en découvrions, chaque jour un peu plus, les finesses et les beautés. Le théâtre a été, dans notre petit kommando, comme dans les grands camps, un puissant soutien moral durant nos années d'épreuve.

Roger JEANNE.

A L'OCCASION DE LA CENTIÈME DE *LA REINE MORTE*

au foyer du Théâtre-Français, le 8 novembre 1943

Mon cher Vaudoyer, mes chers amis,

JE me souviens que, l'automne de l'an dernier, je me disais toujours : « *La Reine Morte* ne pourra pas être jouée. » Et je sais qu'il en est un au moins parmi vous — il me l'a avoué — qui se tenait à part soi le même propos. Cependant nous voici réunis pour la centième de cette pièce, tout comme si rien de grave ne s'était passé dans le monde depuis lors. Il y a, paraît-il, au milieu des tourbillons de la mer, des points qui restent immobiles quasiment. La Comédie-Française, et avec elle la destinée de *la Reine Morte*, se sont trouvées à un de ces points de calme. Je pense qu'avant tout nous devons immoler un taureau à la Fortune — en esprit, s'entend — pour ce bonheur inespéré.

Mais enfin, il n'y a pas que la Fortune. Si la Fortune est représentée avec une roue, il y a aussi l'expression « pousser à la roue ». Vous avez tous, ici, poussé à cette roue de la Fortune, au profit de *la Reine Morte*. Déjà bien avant qu'elle fût jouée, quand l'administrateur créait autour d'elle une atmosphère d'attente et de sympathie qui a été une des premières raisons de son succès. Ensuite, par votre effort commun, pour lequel je ne vous dirai jamais assez ma gratitude.

Toutefois, pardonnez-moi d'en revenir à la Fortune. Par des hasards favorables, les événements extérieurs ont laissé cette pièce accomplir sa carrière sans traverse. C'est un autre hasard favorable qui lui a conquis le public. Les gens ont voulu voir *la Reine Morte*. Dieu sait les bêtises qu'ils ont dû en penser et en dire. Mais enfin ils y sont venus. Bien plus, un assez grand nombre d'entre eux ont feint de ne pouvoir faire moins que d'y venir plusieurs fois. Trois fois, exactement : trois est un vieux chiffre fatidique. Vous avez tous sans doute entendu la phrase : « J'ai été trois fois à *la Reine Morte*. » Naturellement, je n'en crois pas un mot : ces gens n'y étaient venus qu'une fois. Mais cela faisait bien; c'était la phrase qu'il était de bon ton de dire.

Il y a dans les nations bien élevées une très antique tradition. Elle veut que, en cas de succès, les artisans de ce succès en accordent le mérite aux seules puissances supérieures. C'est un mouvement un peu mêlé, comme le sont tous les mouvements humains. Il y a là-dedans de la pureté, de l'hypocrisie, de la modestie vraie et de la modestie un peu moins vraie, le vieil et touchant instinct de la reconnaissance, et enfin une pointe de pose. Je ne sais combien de fois les généraux romains, ou le Sénat, après une victoire, en ont tout rapporté aux dieux. Et il n'est pas un avantage acquis, du temps de la chrétienté, dont les bénéficiaires n'aient proclamé qu'il n'était l'œuvre que de la Providence. Dans une maison qui est celle même de la tradition, vous ne vous étonnerez pas que j'aie sacrifié moi aussi à ce mouvement, et je suis sûr que vous vous y associerez de bon cœur.

LA CRÉATION DE
LA REINE MORTE

CONTRAIREMENT aux souvenirs de quelques-uns, la générale de *la Reine Morte*, donnée le 9 décembre 1942, ne fut que tiède. Rien de comparable aux générales vibrantes de *Fils de Personne* et du *Maître de Santiago*. Je revois les visages mal satisfaits de deux des principaux interprètes tandis qu'ils venaient recueillir leur maigre ration d'applaudissements. Je revois ce brillant confrère qui, saisi d'un aimable zèle, commença par applaudir, debout, les deux mains presque au-dessus de sa tête en forme de « chapeau chinois », tandis qu'en même temps ses yeux voletaient à droite et à gauche pour voir si on « suivait », mais, comme on ne suivait pas, arrêta *decrescendo* le mouvement et se rassit en tapinois. Je revois ce critique alors célèbre qui, m'abordant, me résuma ainsi toute l'impression que lui faisait ma pièce : « Bravo! Mais permettez-moi une observation : le mot *comme* revient bien souvent dans votre texte... »

A défaut de ces souvenirs très précis, j'aurais pour témoignage la phrase que j'écrivis le lendemain dans mes *Carnets* (parus en librairie) : « Ce samedi de travail mélancolique et tranquille... »

Le lendemain, « mélancolique et tranquille » (« tranquille » : ma générale, décidément, n'avait pas créé beaucoup de remous), de cette générale, je me rendis l'après-dîner au théâtre pour la première. J'arrive; l'administrateur, Jean-Louis Vaudoyer, m'apprend qu'on a fait depuis la veille d'amples coupures. Ces coupures étaient nécessaires, et Dieu sait que je suis facile sur les coupures : d'ordinaire je les propose. Du moins demandé-je à être consulté. C'est ce que je dis à Vaudoyer, non sans éclat, semble-t-il, et puis

je pars en claquant la porte, décidé à rentrer chez moi.
Ici Vaudoyer prétend (avec le sourire), que, rencontrant
Mme Vaudoyer dans l'escalier, je la renversai, de fureur;
d'autres ajoutent que, l'ayant renversée, je la piétinai
sauvagement. Mettons que je la bousculai un peu, sans l'avoir
reconnue.

Sur le chemin du retour, et tout plein du meurtre final
de *la Reine Morte*, j'eus un léger frisson en pénétrant sous
l'arcade qui mène de la cour du Louvre au quai. C'était,
en effet, époque de *black-out*, et qui entrait sous cette arcade
s'enfonçait dans une obscurité opaque — un noir d'encre, —
pleine d'encoignures propices à un guet-apens. Si Vaudoyer,
me voyant partir, avait dépêché quelqu'un avec un poignard,
pour m'attendre là? Mais Vaudoyer n'y avait pas pensé : c'est
un peu plus tard seulement (1944) que ces encoignures devaient servir à assassiner. Je rentrai donc sauf, et décrochai le
récepteur de mon téléphone, afin d'échapper aux reproches
que je prévoyais. — C'est ainsi que je n'assistai pas à la première de *la Reine Morte*, et n'en eus sur le moment nul écho.

Le lendemain, Vaudoyer et moi, nous nous pardon-
nâmes mutuellement : il est toujours très bien qu'il y ait
une goutte de magnanimité dans les grands événements
historiques. Il m'avait donné la Comédie-Française; je lui
donnai une de mes antiques : un masque de théâtre en
marbre dont la bouche aux coins abaissés me rappelait,
ensemble, le brame douloureux de Ferrante et « l'amertume
affreuse de la Tragédie ».

Voici les notes que je traçai ce jour-là sur quelques-uns
de mes principaux interprètes.

JEAN YONNEL. — *Yonnel soutient toute la pièce, comme le maître-
mât soutient toute la tente. Je crois sans peine ce que disent les gens
plus familiers que moi avec le théâtre : que voici le meilleur rôle de sa
carrière. De sa présence léonine il enveloppe tantôt son fils, tantôt
Egas, tantôt Inès. Son orgue magnifique, ses rugissements féroces et*

*ses brames gémissants, qui ne sont jamais que la voix de la mort,
sont la voix même qui sort depuis des millénaires de la « bouche
d'ombre » que j'ai donnée à Vaudoyer.*

*« Ah! la mort! qui vous met enfin hors d'atteinte. » — « Nous
sommes bien loin ici du Royaume de Dieu. » — « Cela est étrange,
mais il n'y a que des choses étranges par le monde. » Ces phrases,
sorties de ma vie privée, y rentrent avec un accent nouveau, celui qu'y
met Yonnel, et, à l'heure de ma mort, je les y trouverai avec cet
accent-là. Alliage bizarre de votre moi le plus intime et d'une person-
nalité autre que la vôtre.*

Mlle MADELEINE RENAUD. — *La diction parfaite et délicate;
l'artiste et l'instrument ne faisant qu'un. Des possibilités de virtuose,
sans jamais de virtuosité. De l'émotion, sans jamais une improvi-
sation. La patience et l'effort effacés; l'art masqué par l'art. Les
choses apprises mises au service des dons humains. Une source
dirigée, distribuée, mais intacte. Un jeu de vertus naturelles ou
acquises, dont aucune ne se fait valoir au détriment d'une autre.
L'expérience, l'intelligence et l'instinct obtenant cette sorte d'équilibre, qu'on appelle la qualité. Je dirais enfin : « un talent dans la
tradition française », si je ne craignais d'avoir l'air de vouloir, par
ces mots, desservir in cauda Mlle Madeleine Renaud.*

Mlle RENÉE FAURE. — *Le rideau se lève. Toreros et matador
entrent et occupent leurs places respectives, en silence. Un temps
d'attente. Puis le taureau fonce dans l'arène. Le taureau est Mlle Faure,
Infante de Navarre. Noir et petit, c'est-à-dire, tout juste, les taureaux navarrais.*

*Mlle Faure, si incertaine aux répétitions. Transfigurée (du
moins dans sa scène du début) la première fois qu'elle joue devant
le public. La voilà ménade. Le tempérament monte en elle comme une
eau violente dans un tuyau de pompe, qui le fait frémir. Ses narines
se gonflent, sa gorge palpite, la veine de son cou se tend et tremble;
ses yeux de folle. Elle a jusqu'à cette hauteur qui lui manquait, en
apparence si irrémédiablement. Les Espagnols ont un proverbe :
« Les belles femmes se reconnaissent au dédain. »*

Nous voici très loin des infantes authentiques représentées dans

les toiles du Prado, fillettes malsaines qui se disputent la méchanceté,
la fausseté, la sottise et l'onanisme. D'ailleurs très loin aussi, il
faut le dire, du véritable casticismo. *Mettons Murillo, en ce qu'il a*
qui n'est pas espagnol. Mettons la jeune fille de droite dans la
Crucifixion de Talavera, c'est-à-dire l'Ombrie, ou peut-être le
Maine-et-Loire, cirés un peu au noir espagnol.

Que ce soit avec Inès, ou avec le Roi, l'Infante se bat contre un
monde peuplé d'êtres qui l'étonnent et l'irritent, précisément comme
fait le taureau dans l'arène.

Mais quand Mlle Faure crie son « cri irrité », les plis qui
tirent sa bouche en arrière, comme si on tirait cette bouche avec
un mors, me rappellent une jument amère que je montais dans le
Sud tunisien, et qui sans repos mâchait son mors, dont elle était
meurtrie horriblement. Et de sa bouche coulait cette même écume
que l'Infante essuie à la sienne. Et des oiseaux du ciel, aussitôt
tombée, venaient becqueter cette écume affreuse.

Il en arriva de *la Reine Morte* comme de *Malatesta*. Une
fois sortie de la zone des confrères, l'œuvre, livrée au public,
prit son cours naturel et vogua heureusement : elle a été
jouée depuis dans presque tous les pays d'Europe. Les principaux rôles avaient été distribués en triple, voire en qua-
druple, pour que les congés ne gênassent pas la marche de
la pièce : ainsi la centième put-elle être atteinte en une
année. Les queues s'étendaient jusque dans la rue Mont-
pensier, contournant le théâtre. Le marché noir des places
fleurissait; on dut prendre des mesures contre les revendeurs.
Le volume se vendait comme un roman.

Quelquefois, d'abord on ne savait pourquoi, un applau-
dissement isolé fusait. Je percevais alors que telle parole
d'un de mes personnages avait paru une allusion politique.
Un zigoto perdu dans son idée fixe (l'idée fixe de l'actualité) avait sauté là-dessus, et, laissant passer tout le reste,
avait gobé juste cette petite phrase-là, comme un fox-
terrier qui saute et gobe une mouche. Si, en faisant dire au
roi Ferrante : « Ah! quand je vois ce peuple d'adorants

hébétés, il m'arrive de trouver que le respect est un sentiment horrible », j'avais songé à certain chef d'État, que ne
rebutaient pas les « adorants », ce personnage était l'inspi-
rateur de ma phrase, il n'en était pas la cible. On l'y voyait
pourtant. Mais que ne voyait-on pas! Des jeunes gens de la
Résistance, au poulailler, faisaient un sort, fréquemment,
aux paroles d'Egas Coelho poussant le roi à assassiner
(« On tue, et le ciel s'éclaircit »), qui leur semblaient une
apologie du terrorisme. Mme Odette Micheli, alors déléguée
de la Croix-Rouge suisse pour l'assistance aux enfants
français de la zone occupée, a entendu dire un soir par deux
officiers allemands, tandis qu'ils se levaient et quittaient la
salle : « Je ne comprends pas comment on laisse représenter
de pareilles pièces. » Sans doute étaient-ce les répliques sur
les prisons, et l'honneur qu'il y a à y être, qui les avaient
choqués. Rien de plus divers, d'ailleurs, que les réactions
de l'occupant. Le volume de *la Reine Morte* fut interdit dans
plusieurs camps de prisonniers en Allemagne. Dans d'autres,
au contraire, les prisonniers jouèrent entre eux la pièce sans
la moindre opposition, et même, au camp de Wistznitz,
avec l'appui des autorités.

   Le retour de *la Reine Morte* à la Salle Richelieu lui a
donné ce que donne le vernis à un tableau ancien : à la
fois un éclat nouveau et des nuances nouvelles. Mais le
public est, je crois, moins sensible à ces nuances qu'aux
composantes plus faciles de la pièce. Alors qu'une œuvre
comme *Fils de Personne* verra son public toujours diminuer,
parce qu'elle est fondée sur un sentiment très fin — le sens
de la qualité humaine, — dont quelques années ont suffi
pour qu'il paraisse d'un autre âge, les ressorts de *la Reine
Morte*, plus à la portée de la masse (le rôle qu'y joue *la peur*,
notamment, comme d'ailleurs dans *Malatesta*), sont propres
à lui garder une audience chez les contemporains. Aussi
longtemps du moins que ceux-ci comprendront un peu ce
dont il s'agit sur la scène, quand ils viennent au théâtre.
Ce qui peut-être ne veut pas dire très longtemps.

1950.

EN RELISANT
LA REINE MORTE

Le souffle des femmes passe sur cette œuvre qui s'était calmée en vous, et la ranime, comme le vent qui se lève ranime la mer.

J'ai vu plusieurs fois *la Reine Morte* au théâtre, depuis douze ans que cette pièce est représentée. Mais voir n'est pas lire, et seul le volume compte. Je ne l'avais pas relue, ou je ne l'avais relue qu'avec « l'œil typographique », pour en corriger des épreuves. Après douze ans, je l'ai relue pour essayer de comprendre ce que j'y avais mis. Mon manque de mémoire aidant, je l'ai relue comme une œuvre qui ne serait pas de moi. Et je vais dire bonnement ce que j'ai cru y trouver. Sachant bien, néanmoins, que ces commentaires d'un auteur sur son œuvre la diminuent toujours, et la sorte de masochisme qui le pousse à les faire et à les rendre publics.

Et d'abord, devant cette *Reine Morte*, quel sentiment? Un sentiment complexe. Mettons : une double humilité. Le regret de n'avoir pas fait une œuvre plus belle. Et, en même temps, se sentir assez petit devant ce qu'on a soi-même créé...

L'Infante est, avec le Roi, le plus rare caractère de la pièce. Grande, elle s'oppose à Inès — qui est douce, — comme, dans *les Jeunes Filles*, Andrée Hacquebaut s'oppose à Solange. Une enfant. Malade d'orgueil. Malade d'impuissance : celle qui ne peut pas convaincre. Malade d'étrangeté. Attirée vers Inès, sa rivale heureuse, alors que n'importe quelle femme, à sa place, haïrait Inès; mais c'est qu'elle

n'est pas femme tout à fait. Névropathe, comme le Roi. Elle
a son langage à elle, sa « chanson heurtée, elliptique »
(Barrès) — « déjà toute pleine du large, déjà mon âme, à
contre-vent, était rebroussée vers toi », — un débit de gave
navarrais, des images hagardes : la route, pour elle, est
« pâle comme un lion », elle sent dans « son intérieur » une
épée de feu, etc. Inès, c'est l'espoir. L'Infante, c'est le
désespoir : elle hurle sans arrêt. Sa poésie est triste et convul-
sive ; celle d'Inès était triste et étale. Ferrante la compare à un
oiseau ; Inès, à un autre oiseau ; elle, elle parle de son âme,
qui vole sur les remparts de sa ville. Et c'est vrai qu'elle fait
penser à un oiseau ; mais auquel ? Au « fauve rossignol »
d'Eschyle, à Cassandre. Elle n'apparaît que deux fois. Elle
se jette « comme une vague » contre Ferrante. Puis elle se
jette contre Inès. Puis elle revient : elle n'est plus qu'une
ombre, et elle supplie encore. « Elle répète toujours le même
cri, comme l'oiseau malurus, à la tombée du soir, sur la
tristesse des étangs. » Puis l'oiseau cesse son cri, et la nuit
est close. Il y a dans Eschyle des noms de pays, des noms de
métaux, dont nul dans l'antiquité ne savait ce qu'ils étaient :
ses énigmes lui donnaient figure d'oracle. Qu'est-ce que
l'oiseau malurus ? Quand l'Infante est en pleine crise de
sa vie intime, le rappel de Sennachérib, qu'est-ce que cela
vient faire là ? L'Infante disparue, il reste dans son sillage
le sourire profond de la supériorité et de la douleur, avec
une pointe de démence.

Toute la pièce est dominée par la figure du roi Ferrante,
qui grandit à chaque acte et semble lentement se séparer de
l'humain jusqu'à l'instant où il tombe.

Le théâtre est fondé sur la cohérence des caractères,
et la vie est fondée sur leur incohérence. L'inconsistance
de Ferrante est une des données de *la Reine Morte*. La
cohérence de ce caractère est d'être incohérent. Dino del
Moro compare Ferrante aux lucioles, alternativement
lumineuses et obscures : c'est tout le clair-obscur de l'homme,

qui existe chez tous les êtres, mais poussé à un point extrême chez le Roi. « Vouloir définir le Roi, c'est vouloir construire une statue avec l'eau de la mer », dit son fils. Son état de fluence est tel qu'on le voit, au cours de la même phrase, ou presque, varier de sentiment. Lorsqu'il dit à Pedro : « Il m'arrive, quand je viens de duper merveilleusement quelqu'un, de le prendre en pitié, le voyant si dupe, et d'avoir envie de faire quelque chose pour lui », il est sincère. Mais Pedro lui ayant répondu avec sarcasme : « De lui lâcher un peu de ce qui ne vous importe pas, l'ayant bien dépouillé de ce qui vous importe », il oublie qu'il était sincère et c'est avec sarcasme, lui aussi, qu'il confirme : « C'est cela même. »

« Je suis comme un grand arbre qui doit faire de l'ombre... » Mais c'est une ombre maléfique. Ferrante est une canaille, qui aime les canailles, et qui l'avoue. En même temps il a de la délicatesse, de la gentillesse, voire de la tendresse (du moins il en eut : pour son fils), et, sans nul doute, une double grandeur, celle du roi et celle du chrétien. Intelligence trop vaste et trop subtile, qui se dévore elle-même, et que trahit de surcroît un corps usé. En même temps l'intuition du primitif : « Lorsqu'on doute si un inconnu est dangereux ou non, il n'y a qu'à le regarder sourire. » Toutes les passions humaines jouent en lui à plein rendement, et cependant : « J'ai toujours vécu enveloppé de la main divine. » Lorsque, au sortir d'un conseil qui a plutôt le fumet d'un conciliabule dans une caverne de brigands, il s'écrie : « O royaume de Dieu, vers lequel je tire, je tire, comme le navire qui tire sur ses ancres! », il est sincère. Il tue, mais il croit à l'immortalité de l'âme, et il le dit à deux reprises, au moment même qu'il tue. La chronique des époques de foi est pleine de tels caractères : « Le Saint prie avec sa prière, et le pécheur prie avec son péché » (Claudel). Et il est sincère quand il dit qu'il est bon à ceux qui prétendent qu'il est mauvais, et mauvais à ceux qui le prétendent bon. Bref, il est ce que nous sommes tous, mais en tons très poussés : « bien meilleur et bien pire que le monde ne le peut savoir ».

Ferrante est étrange, et le sait : « Cela est étrange, mais il n'y a que des choses étranges par le monde. Et tant mieux, car j'aime les choses étranges. » Il est profond, et a horreur de sa profondeur. Ce coquin profond est attiré par l'Infante de Navarre, doña Bianca. Pour des raisons politiques, non par sensualité : il n'y en a pas trace dans cet homme à bout de course. Mais, avant tout, parce qu'elle aussi est étrange et profonde : lui et elle sont les deux êtres *de valeur* de la pièce. Et il est attiré par Egas Coelho, bien qu'il sache que celui-ci ne regarde que ses intérêts propres et même le trompe à l'occasion, parce qu'Egas, lui aussi, est étrange et inquiétant. Ces trois êtres sont un peu de la même famille que l'autre personne royale, Pasiphaé, qui pourrait dire comme Ferrante : « J'aime les choses étranges », et comme l'Infante : « Je fais peu de cas de la nature. » Dino del Moro, qui écoute aux portes, et qui *parle*, n'est pas lui non plus de tout repos. Seuls, Inès est toutes voiles dehors, par pureté, et Pedro, par simplicité. Tous les autres ont leurs ténèbres.

L'animadversion de Ferrante pour son fils n'est que le revers de son amour pour lui. Il n'aime pas Pedro parce que, le jugeant médiocre, il ne peut pas l'estimer. Le Pedro enfant, tout esprit et toute grâce, l'empêche d'aimer le Pedro homme. Et quand le voici plein d'indulgence pour les pages, quand le voici qui, au moment de mourir, attire contre lui Dino del Moro, ne recherche-t-il pas en eux quelque chose de Pedro enfant, de même que, s'il a aimé l'Infante, c'est, en partie, parce qu' « elle est le fils que j'aurais dû avoir »? Sentiment paternel, douloureux d'être refoulé et aigri.

C'est au sortir du conseil que Ferrante se met à peser le pour et le contre, et dès lors il est perdu. Ainsi de toute action, chez un homme intelligent, s'il a le malheur de s'arrêter et de réfléchir. Ferrante finit par ordonner l'assassinat d'Inès, bien qu'il ait de la sympathie pour elle, et bien que le forfait soit désavantageux à sa politique. Comment expliquer cette apparente double contradiction?

Ferrante est masculin à l'extrême. Masculin royalement. Vivant surtout par l'esprit. Incohérent. Indécis. De mauvaise foi. Vaniteux. Surtout faible. Les ennemis d'Inès, qui savent ce qu'ils font, l'entreprennent sur sa faiblesse. Pour leur montrer qu'il n'est pas faible, et se le montrer à soi-même, il ordonne le meurtre. « Et dire qu'ils me croient faible! » s'écrie-t-il alors; je lui ai prêté ce mot de vanité bouffonne au moment le plus tragique du drame. Faible, il est invinciblement porté à commettre certains actes, qu'il sait nuisibles pour lui-même, mais contre la tentation desquels il est sans défense. De même qu'il signe le traité avec le roi d'Aragon, tout en reconnaissant publiquement que c'est une sottise; de même qu'il se fie à Egas Coelho, tout en déclarant qu'il sait que cette confiance est mal placée : de même il fait tuer Inès, bien qu'il voie que ce crime lui est non seulement inutile, mais funeste. Bien plus : « Leur puéril calcul est déjoué, dit-il des ennemis d'Inès; je vois trop clair dans leurs machines. » Mais il se laisse prendre à ces machines, presque *volontairement*, dirait-on. Tous les psychiatres reconnaîtront ce type d'homme[1]. Faible, enfin, le meurtre d'Inès lui donne l'illusion qu'il va simplifier un problème inextricable. « Oh! je suis fatigué de cette situation. *Je voudrais qu'elle prenne une autre forme.* » La situation, inextricable elle aussi, que créera la mort d'Inès, ne laisse pas de lui sembler un progrès; elle sera *autre chose :* cela lui suffit.

Ferrante tue encore pas sadisme. Il joue avec Inès comme le chat avec la souris. Il plaisante en lui présentant un homme qui a demandé sa mort. Il ne se livre que pour se reprendre (mouvement que nous avons déjà vu chez Costals), et pour en vouloir à qui s'est livré. Et il s'aime d'être ainsi : « Plus je mesure ce qu'il y a d'injuste et d'atroce dans ce que je fais, plus je m'y enfonce, parce que

---

1. Ferrante, ayant donné un ordre, refuse d'en donner d'autres, et dit lourdement : « J'ai assez décidé pour aujourd'hui. » Parole caractéristique : aboulie et neurasthénie.

plus je m'y plais. » Est-il besoin de rappeler, à ce propos,
que le pli qu'ont les hommes de jouir de la souffrance des
femmes est un pli invétéré, et que Costals, qu'on a dit
démoniaque, est un personnage à l'eau de rose comparé à ce
que sont nombre d'hommes dans la réalité?

Enfin Ferrante tue par haine de la vie, lui qui va mourir :
« Vous faites partie de toutes ces choses qui veulent continuer, continuer! »; par haine d'un nouvel enfant : « Un
enfant! encore un enfant! Ce ne sera donc jamais fini! »

De là on apprécie combien se trompent ceux qui voient
dans le meurtre d'Inès un acte gratuit. Combien se trompent
également ceux qui pensent que Ferrante tue pour « continuer » la Raison d'État, alors même qu'il n'y croit plus;
comment cela serait-il, puisqu'il reconnaît que le meurtre
d'Inès, loin d'arranger les affaires de l'État, les envenimera?

On entendait dire, le soir de la générale, qu'avec *la
Reine Morte* j'avais voulu écrire la contrepartie des *Jeunes
Filles*. Les hommes, ici, sont deux coquins et un benêt;
tous trois en outre, à des degrés divers, lâches. Alors que,
des deux femmes, l'une est grande par l'intelligence et
l'autre par le cœur; et les deux par le caractère. Que cela
ait été voulu ou non, on a assez envie de s'écrier : pitié pour
les hommes!

La pièce est construite à la façon d'une fleur. Les deux
premiers actes, dépouillés, d'une ligne extrêmement simple,
qui ne supporte même aucune scène d'articulation, s'élan-
cent droit comme une tige. L'entr'acte unique les isole du
IIIᵉ acte. Le IIIᵉ acte, très différent de facture, s'épanouit
en une ombelle abondante. Toute la pièce s'y élargit, s'y
charge de sève et de sens, si bien que les autres actes, par
comparaison, paraissent presque trop nus.

Tout autour de la ligne d'action dramatique (par où
Ferrante en viendra-t-il à tuer Inès?) s'ouvrent des abîmes.
Ferrante « mange le morceau ». Il dit la vérité, sa vérité,
ses vérités. C'est un terrible roi Lear; mais il n'est pas
couronné de fleurs de thym, il est couronné de ses vérités.
Sa tragédie est celle de l'homme absent de lui-même, de

l'homme qui ne croit plus à ce qu'il fait : notre tragédie à nous tous, ou presque tous, passé un certain âge. Selon la tradition des antiques dynastes, flanqués de leurs femmes sacrées, c'est à une femme qu'il se confesse. Puis il tue, et meurt. Il meurt d'une émotion, sans doute, mais peut-être aussi parce qu'il a dit ses vérités : il s'est vidé. Le destin le frappe où il frappa. Inès a fait un acte de confiance en lui, et il l'a trompée; à son tour, mourant, il fait un acte de confiance en Dino del Moro, et celui-ci le trahit. Le roi «voyant», le roi qui « connaît tout cela », choisit entre tous, pauvre dupe (dupe comme demain Malatesta), pour être sa sauvegarde devant Dieu, le mauvais ange (« Que l'*innocence* de cet enfant me serve de sauvegarde »), traître à son roi vivant et traître à son roi mort[1]. « Le cadavre du roi reste seul. » La pièce, qui avait débuté par un long monologue torrentiel, s'achève par un grand silence, que traverse imperceptiblement le pas furtif d'un enfant coupable.

J'ai toujours arrêté mes pièces à temps. Je veux dire : avant l'acte final, celui que je n'ai pas osé écrire. Une fois seulement j'ai écrit cet acte final : *Demain il fera jour* est l'acte final de *Fils de Personne*. Et, complété par lui, *Fils de Personne* devient tout d'un coup la plus profonde, la plus tragique et la plus mal comprise de mes pièces.

Dans l'acte final, non écrit, de *la Reine Morte*, on verrait Ferrante, grand, faible, assassin, pitoyable, mais qui a toujours vécu « enveloppé de la main divine », s'élever vers le ciel, emportant dans ses bras sa victime, et la présenter à Dieu : *l'Assomption du Roi des rois*. Pas besoin de la « sauvegarde » du petit faisan Dino del Moro.

1954.

---

1. Dans *la Reine Morte* et dans *Fils de Personne*, les enfants trahissent les adultes. Dans *la Ville*, les adultes trahissent les enfants.

Étude et notes
par
Maurice Bruézière

Regards sur la vie et sur l'œuvre

Les années d'enfance (1896-1914)

Henry de Montherlant est né à Paris, le 21 avril 1896. D'une famille authentiquement noble, il doit peut-être à cette origine certains traits aristocratiques de sa nature et de sa morale.

Il fit des études un peu chaotiques, mais garda de son passage à Sainte-Croix de Neuilly (janvier 1911-mars 1912) une empreinte ineffaçable : élève brillant, président de l'académie littéraire du collège, avant d'être brusquement renvoyé, il se forma là des souvenirs qui, trente-neuf ans plus tard, devaient lui fournir le sujet de *La Ville dont le Prince est un enfant* (1951).

La jeunesse héroïque (1914-1925)

Puis ce fut la guerre. D'abord pris dans le « service auxiliaire », il demanda à passer dans le « service armé » et à être versé dans un régiment d'infanterie. Grièvement blessé en 1918, il avait eu au feu une conduite assez brillante pour mériter trois citations. Il tirera de cette expérience son premier roman *Le Songe* (1922) et un essai de haut style *Le Chant funèbre pour les Morts de Verdun* (1924).

Bien qu'il eût commencé à écrire dès l'âge de neuf ans, et qu'il eût, en 1914, composé une pièce — *L'Exil* — (qui ne fut publiée qu'en 1929), il fit ses véritables débuts littéraires en octobre 1920, en publiant, à compte d'auteur, *La Relève du Matin*, livre dont le lyrisme n'est pas encore dégagé complètement de l'influence barrésienne, mais où éclatent des pages admirables. Il pratique aussi le sport, notam-

ment le football et l'athlétisme (il court le 100 mètres en
11 secondes 4/5) sous les couleurs du Stade Français, et y
trouve la matière des *Olympiques* (1924). Il revient également à la tauromachie, à laquelle il s'était initié dès avant
la guerre. Sérieusement blessé par un taureau, qu'il est allé
affronter dans un élevage, il utilise sa convalescence à
écrire *Les Bestiaires* (1926). Le succès de l'ouvrage fait de lui
un écrivain « lancé ». C'est l'époque où Romain Rolland
lui déclare, dans une lettre : « Vous êtes la plus grande
force qui existe dans les lettres françaises. Le monde est
plus riche pour moi maintenant que je vous connais. »

La crise des « *Voyageurs traqués* » *(1925-1932)*

Désormais, la voie semble toute tracée. Pourtant Montherlant refuse la carrière facile, bronche devant « le chemin
de velours ». Traversant la crise des « Voyageurs traqués »,
il quitte Paris, tourne autour du bassin méditerranéen
« comme les bêtes dans leur cage, ou comme les suppliciés
fabuleux dans une course sempiternelle pour rejoindre son
imagination ». Il traduit son désarroi dans un recueil d'essais
Aux Fontaines du Désir (1927), où il soutient la philosophie
du « *Syncrétisme* » et de l'« *Alternance* », et dans une « his-
toriette » désenchantée *La Petite Infante de Castille* (1929).
Surtout, il travaille pendant trois ans à un long roman
« social », dont l'action se passe en Afrique du Nord : *La
Rose de Sable* (1932). Craignant que la publication de cet
ouvrage anticolonialiste ne dessere son pays (on y voit un
officier de l'armée française découvrir et épouser la cause
de l'Islam), il le garde dans ses tiroirs, ne devant en publier
que beaucoup plus tard des extraits, intitulés : *L'Histoire
d'Amour de la Rose de Sable* (1954).

La gloire *(1933-1939)*

De retour à Paris, il connaît ses années les plus glorieuses.
Il donne coup sur coup trois œuvres maîtresses : *Encore un
instant de bonheur* (mars 1934), un des plus beaux recueils
lyriques de l'entre-deux-guerres (« Je suis poète; je ne suis
même que cela ») ; *Les Célibataires* (1934), roman balzacien,
qui reçut à la fois le Grand Prix de Littérature de l'Académie
française et le prix anglais Heineman-Northcliffe; *Service
inutile* (1935), suite d'essais où s'affrontent le cœur qui

demande à « servir » et l'intelligence qui en montre l'« inutilité ». Après *Pasiphaé* (1936), sa seconde pièce, Montherlant pose, en termes souvent sarcastiques, le problème épineux du mariage dans une vie d'écrivain. C'est la série romanesque, en quatre volumes, des *Jeunes Filles* (1936-1939). On y voit un romancier, Costals, hésiter à épouser une demoiselle de la bourgeoisie parisienne, Solange Dandillot, car il lui arrive d'être sollicité par la *Pitié pour les Femmes* (1936) ou par le *Démon du Bien* (1937), et finalement y renoncer par peur d'entrer dans l'enfer des *Lépreuses* (1939).

Conversion au théâtre *(1942-1965)*

Cependant la guerre est de nouveau là. Après avoir dénoncé avec violence les accords de Munich dans *L'Équinoxe de Septembre* (1938), Montherlant publie *Le Solstice de Juin*, où il évoque, sans indulgence, la défaite française de 1940. En novembre 1942, il fait à la scène, avec *La Reine Morte*, des débuts éclatants qui semblent l'inciter à se tourner délibérément vers le théâtre. Se succèdent alors : *Fils de Personne* (1943), dont le succès est plus discuté ; *Malatesta* (1946), créé par J.-L. Barrault en 1950 ; *Le Maître de Santiago* (1947), joué d'abord au théâtre Hébertot, et depuis repris à la Comédie-Française ; *Demain il fera jour* (1949); *Celles qu'on prend dans ses bras* (1950); *La Ville dont le Prince est un enfant* (1951), que l'auteur refusera de laisser représenter; *Port-Royal* (1954), dont la première se déroula en présence du Président de la République ; *Brocéliande* (1956); *Don Juan* (1958); *Le Cardinal d'Espagne* (1960) ; *La Guerre civile* (1965). Seul un roman, *Le Chaos et la Nuit* (1964), interrompra cette longue suite d'œuvres théâtrales.

* *

Depuis vingt ans, on peut dire de Montherlant ce qu'a écrit de lui si justement Henri Perruchot : « Sa biographie devient une bibliographie. » Le seul événement notable est constitué par son élection (non sollicitée) à l'Académie française et par son discours de réception (1963), passablement désinvolte pour l'illustre Compagnie comme pour son prédécesseur, André Siegfried. Peu importent d'ailleurs ces menus faits de l'histoire anecdotique d'un écrivain qui paraît assuré de passer à la postérité.

Le théâtre de Montherlant

Un théâtre intérieur

Telle qu'elle se dessine jusqu'à présent, la carrière littéraire de Montherlant se laisse facilement diviser en deux périodes de longueur à peu près égale : une première période, de 1920 à 1941, où Montherlant fut essentiellement un *romancier* et un *essayiste* ; un seconde période, de 1942 à nos jours, où il aura été presque uniquement un *écrivain de théâtre*.

Cette vocation tardive, chez un écrivain mieux que confirmé, explique certains traits de son théâtre. Et d'abord, celui-ci, qui est le plus important : en écrivant pour la scène, Montherlant ne s'est désolidarisé ni du romancier ni de l'essayiste qu'il avait été surtout jusque-là. L'auteur de *La Reine Morte* est bien le même que celui qui composa *Les Célibataires* et *Service inutile*. C'est-à-dire essentiellement un *moraliste*, un observateur à la fois lucide et passionné du cœur humain. Lui-même s'est très nettement exprimé sur ce point : « *Une pièce de théâtre*, écrit-il, *ne m'intéresse que si l'action extérieure, réduite à la plus grande simplicité, n'y est qu'un prétexte à l'exploration de l'homme ; que si l'auteur s'y est donné pour tâche non d'imaginer et de construire mécaniquement une intrigue, mais d'exprimer, avec le maximum de vérité, d'intensité et de profondeur, un certain nombre de* mouvements de l'âme humaine. » Et ce propos déjà ancien a trouvé une confirmation toute récente dans la postface de *La Guerre civile* : « *Le tragique, dans mon théâtre, est bien moins un tragique de situations qu'un tragique provenant de ce qu'*un être contient en lui-même. »

Ainsi, pas de pirouettes dramatiques d'aucune sorte. Aucun recours, par exemple, à l'étrange technique de Pirandello, qui a influencé tant de dramaturges contemporains. Pas d'anachronismes ingénieux à la manière de Giraudoux ou

de modernisations brutales, comme celles dont a usé Jean
Anouilh dans son *Antigone*. Personne n'est plus loin non plus
de l'« anti-théâtre » qui est à la mode aujourd'hui. Montherlant tourne le dos à son époque. Si l'on devait lui chercher un modèle, il faudrait citer les pièces statiques et nues
du vieil Eschyle.

Non pas, d'ailleurs, que Montherlant se désintéresse du
détail vrai, réaliste même : à chacune de ses pièces, il est
dans les coulisses à inspecter le grimage et le vêtement des
figurants; il fait mesurer Jean-Louis Barrault dans le rôle
de Malatesta, pour s'assurer que le comédien, à qui certains critiques ont reproché de manquer de taille, est plus
grand que ne l'était le condottiere lui-même; il fait relire
chacun de ses manuscrits à sujets historiques par un spé-
cialiste (l'abbé Cognet pour *Port-Royal*, M. Jérôme Car-
copino pour *La Guerre civile*, etc.), par souci de ne commettre ni erreur ni anachronisme.

Deux styles de théâtre

Avant de devenir un grand dramaturge, Montherlant avait
écrit deux pièces — *L'Exil* (1914) et *Pasiphaé* (1936) —,
manifestant déjà une sorte d'hésitation ou plutôt d'*alternance* entre les deux inspirations qui plus tard nourriront
son théâtre : l'inspiration *moderne* et l'inspiration *antique*.
L'Exil, dont le sujet est plus ou moins autobiographique,
relate l'histoire d'un très jeune homme qui, la guerre venant
d'éclater, veut s'engager et qui en est empêché par sa mère.
De ne pouvoir rejoindre ses camarades, de ne pouvoir
« devenir pareil aux autres », le héros se sent « *exilé* de sa
patrie profonde ». Il souffre, et finalement sa mère, souffrant
de le voir souffrir, le pousse elle-même au bureau de recru-
tement. Il part joyeux, poussé par l'*amitié* et la *solidarité*
avec les garçons de son âge plutôt que par le patriotisme. La
pièce n'a pas un caractère idéologique : elle repose —
déjà! — sur l'analyse d'un *sentiment*.

Pasiphaé est « un poème dramatique », qui nous replonge
dans un passé très lointain, fabuleux même. Ici, point
d'action — sinon toute morale — et grand bain de *lyrisme
à l'antique*. Pour l'héroïne, tout le problème est de savoir si
elle saura aller jusqu'au bout d'elle-même : « Que ferais-je,
si je ne fais ce que les autres craignent de faire ? Au-delà de

notre patrie, il y a une autre patrie : celle de tous les êtres qui sont hors du commun. »

Quelque chose de *cornélien* s'exprime ici, un sentiment fort éloigné de la volonté de se rapprocher d'autrui qu'on trouvait dans *L'Exil*. La différence de ton n'est pas moins frappante : après la phrase sèche, dépouillée, souvent familière de *L'Exil*, *Pasiphaé* développe la prose la plus riche que Montherlant ait peut-être jamais déployée.

On ne s'étonnera donc pas si la production dramatique de Montherlant, plus tard, évoluera selon deux plans différents, quoique parfois simultanés, et si elle offre deux catégories d'œuvres : celles qui, tournées vers le passé, ont un caractère plus ou moins *historique* (*La Reine Morte, Malatesta, Le Maître de Santiago, Port-Royal, Le Cardinal d'Espagne, La Guerre civile*); et celles qui se passent dans le *présent*, dont le sujet est tiré de l'actualité (*Fils de Personne, Demain il fera jour, Celles qu'on prend dans ses bras, La Ville dont le Prince est un enfant, Brocéliande*).

A ces deux catégories correspondent deux styles de théâtre : un style *fastueux*, *emphatique* même parfois, d'un *lyrisme* soutenu, et comme branché sur le génie poétique de l'auteur; et, d'autre part, un style beaucoup plus *direct*, *incisif*, où l'analyste lucide, mordant, des *Célibataires* et des *Jeunes Filles* reprend le dessus.

Pour tout dire, on ne simplifierait pas à l'excès en répartissant les pièces de Montherlant entre tragédies *en pourpoint* et tragédies *en veston*.

Tragédies en pourpoint et tragédies en veston

Des trois tragédies « en pourpoint » écrites par Montherlant entre 1942 et 1946, deux ont obtenu un immense succès : *La Reine Morte* et *Le Maître de Santiago*. On n'en dira rien ici, l'une et l'autre devant être étudiées plus loin.

En revanche, *Malatesta*, malgré une mise en scène brillante de J.-L. Barrault et une centaine de représentations, est une œuvre moins connue. Elle a pour héros un condottiere de la Renaissance, qui délivre tour à tour les talents et les vices de sa nature, selon une « alternance » chère à l'auteur.

A la fin de la pièce, le personnage est empoisonné par un courtisan lettré, Porcellio, qu'il avait chargé d'écrire sa biographie : or ce Porcellio tue son maître non seulement dans sa personne, mais aussi dans la mémoire des hommes en brûlant cette biographie. C'est la tragédie de la gloire, ou plutôt de la *fausse gloire* et de l'*aveuglement* : le condottiere avait tout sacrifié à lui-même et à l'image qu'il laisserait de lui. Cette image, la flamme d'une chandelle aura suffi à l'anéantir totalement !

Trois tragédies *bourgeoises* ont été écrites à peu près dans le même temps que les tragédies nobles qui viennent d'être mentionnées : *Fils de Personne, Demain il fera jour,* et *Celles qu'on prend dans ses bras.* Ce sont des pièces de sujet contemporain, proches souvent du théâtre « de boulevard ».

Fils de Personne traduit un drame qui a beaucoup préoccupé Montherlant : celui de la *paternité.* On y voit un avocat de quarante-trois ans déçu parce qu'il a donné le jour à un enfant dénué de « qualité », qu'il ne peut arracher à ses passions favorites : le cinéma, la lecture des hebdomadaires, la belote, la Loterie nationale. Le père, accablé par la défaite de 1940 et ancien prisonnier évadé, avait espéré que son fils serait de ceux qui, par leur élan, contribueraient à relever le pays. Finalement, il abandonne cet enfant qui ne mérite pas son estime.

Les personnages sont repris dans *Demain il fera jour*, mais sous un éclairage complètement modifié. Cette fois, c'est le père qui est antipathique : se sentant, à la veille de la Libération, la conscience peu tranquille pour avoir plus ou moins collaboré avec l'occupant, il laisse son fils s'engager dans la Résistance dans l'espoir de se tirer plus facilement d'affaire quand le moment sera venu de rendre des comptes. Il fait là un calcul ignoble, mais dont il est atrocement puni : le jeune homme est attiré dans un guet-apens et assassiné. Ici encore, l'« alternance » a joué : tandis que le père devient un « coupable », l'enfant un peu veule de la pièce précédente s'est mué en héros.

Celles qu'on prend dans ses bras conte l'histoire d'un antiquaire de cinquante-huit ans, séducteur irrésistible et sûr de lui jusqu'au jour où, précisément, une jeune fille de dix-huit ans, assez insignifiante pourtant, refuse de lui céder. Ce refus l'affole, il retrouve la fraîcheur d'un collégien amoureux que fait trembler d'espoir la sonnerie du téléphone ou l'arrivée du courrier, car il guette fébrilement le moindre signe de vie de celle qu'il désire. Une péripétie lui permettra d'atteindre son but. Cependant, il aura dédaigné une femme intelligente et cultivée, qui l'aide dans son travail depuis longtemps, qui l'aime en secret, mais qui n'est pas assez jolie pour être de « celles qu'on prend dans ses bras »...

La veine sacrée

Dans le théâtre de Montherlant, il n'y a pas alternance seulement entre les tragédies historiques et les pièces de boulevard. Il y a aussi alternance entre ce que l'écrivain lui-même a appelé « *la veine profane* » et « *la veine sacrée* ». La veine profane est celle qui court dans des pièces aussi différentes que *La Reine Morte* et *Fils de Personne*, *Malatesta* et *Celles qu'on prend dans ses bras*. La veine sacrée, c'est celle qui nourrit, entre autres, les trois tragédies chrétiennes que sont *Le Maître de Santiago*, *La Ville dont le Prince est un enfant* et *Port-Royal*. Encore est-il possible de grouper la première et la troisième de ces pièces parmi les œuvres nobles et inspirées par le passé, tandis que *La Ville* a un caractère résolument moderne et est une sorte de tragédie privée.

Le Maître de Santiago est la tragédie de la *pureté*. L'action se passe en 1519, dans le décor sévère d'une maison d'Avila. Le protagoniste est un homme de quarante-sept ans, chevalier de l'Ordre de Santiago, dévoré par la passion du « retirement », de la « désaffection », de la « nada ». Il vit seul avec sa fille Mariana. Pour doter celle-ci, qui doit se marier, il lui faudrait accepter d'aller dans le Nouveau Monde y refaire sa fortune. Mais il refuse net, parce qu'il ne veut pas participer à « la hideuse exploitation de l'homme par l'homme » pratiquée aux Indes. Il sacrifie ainsi le bonheur de sa fille à l'idéal sublime de « l'Ordre », dont il se pose comme l'ultime défenseur.

Dans *Port-Royal*, il y a deux sujets. Le premier, d'ordre historique, est la persécution exercée contre la fameuse abbaye, au mois d'août 1664, sous l'égide de l'archevêque de Paris. Dans une scène haute en couleur, l'écrivain oppose deux conceptions différentes de l'Église : l'une, toute temporelle, politique même, qui consiste à tenir compte du monde tel qu'il est ; l'autre, intransigeante, qui refuse la compromis-

sion avec le pouvoir et avec la société. L'autre thème, intérieur celui-là, est incarné par le cheminement contraire de
deux âmes : tandis que, sous le coup de la persécution, la
sœur Angélique traverse « une crise de doute religieux »,
la sœur Françoise découvre, à l'improviste, « la lumière ».

La Ville dont le Prince est un enfant a pu être qualifiée de
« tragédie de palais », parce qu'elle se passe dans le champ
clos d'un collège religieux. L'affection trop vive d'un élève
de seize ans pour un camarade de quatorze ans cause son
renvoi, renvoi très douloureux, mais finalement consenti
par la victime. L'intérêt trop soutenu qu'un abbé porte à
ce même enfant de quatorze ans oblige le supérieur à
exiger de l'abbé qu'il ne revoie plus jamais son protégé.
Exigence acceptée elle aussi, et qui fait de la pièce une
double tragédie du *sacrifice*. L'amour, parfois caricaturé
dans Montherlant, prend ici sa forme la plus haute.

Les dernières pièces

Les dernières pièces, *Brocéliande*, *Don Juan*, *Le Cardinal
d'Espagne*, *La Guerre civile*, sont empreintes d'une amère tristesse. Les héros en sont des hommes vieillissants (à mesure
que l'écrivain a pris de l'âge, il a eu tendance à en donner
à ses personnages), des êtres dont la vie *se défait*, comme se
défait, dans *Le Chaos et la Nuit*, le dernier roman de Montherlant, la vie du protagoniste.

Après *Port-Royal* (toujours l'alternance !), *Brocéliande* nous
ramène à la comédie bourgeoise. On y voit un chef de bureau dans un ministère, un traîne-savates médiocre, sur le
point de prendre sa retraite, se transformer brusquement
lorsqu'un généalogiste lui révèle qu'il serait « un descendant
de saint Louis » : il se redresse, prend une conscience aiguë
de ses devoirs, pense à « agir », rédige des discours « pour
son pauvre peuple ». Et puis, apprenant que « des descen-
dants de saint Louis » il y en a 15 000 de par le monde et
que, qui pis est, l'un d'entre eux est sa femme, il perd d'un
instant à l'autre sa superbe et il se suicide. Bref, c'est l'histoire d'un raté, mais qui, un moment, est sorti de lui-même
et a frôlé un grand destin.

Don Juan est également une pièce où le burlesque se com-
bine avec le tragique. Si l'auteur a repris le personnage de

la tradition, tout en le vieillissant (il lui donne soixante-six ans), il a rajeuni cette tradition en s'efforçant de la *démystifier*. D'où le caractère anti-intellectualiste de certaines scènes, où l'auteur fait la satire des « doctes », entendons des faux savants qui, au lieu de voir en don Juan un homme simple, essentiellement occupé de la « chasse aux femmes », prétendent l'expliquer par des « clefs ».

Le Cardinal d'Espagne est une pièce de haut vol, dans la ligne du *Maître de Santiago*, à la fois pour le thème et pour le ton. Le personnage central, le cardinal Cisneros, a voué toute sa vie à la cause de l'Église et du Royaume. Il paraît assuré des valeurs qu'il a servies jusqu'à l'âge de quatre-vingt-deux ans quand, soudain, mis en présence de Jeanne la Folle, il entend celle-ci le réduire à sa véritable importance : « L'Église n'a pas besoin de vos actes », lui dit-elle. « Le moulin tournera toujours, avec ou sans vous. » Bouleversé, il comprend à quel point la reine a raison : « Elle voit l'évidence, et c'est pourquoi elle est folle. » Le thème est philosophique et rappelle le beau titre de *Service inutile*...

La Guerre civile, enfin, porte à la scène un épisode de la lutte qui opposa César et Pompée. L'action se passe peu avant Pharsale, alors que Pompée, au seuil de la victoire après Dyrrachium, est incapable de profiter de celle-ci, à la fois par émotivité et goût du néant : « J'entre dans une nuit profonde. Tout m'est horreur et nuit. » En face de lui se dresse Caton d'Utique, le dur, le pur, l'ultra : « Ce qui est important dans une vie publique, ce sont les disgrâces. On y retrouve son plus sûr compagnon : soi-même. » Il est permis de penser que sa clairvoyance désabusée, mais qui ne désarme pas, est, à peu de chose près, le dernier mot — provisoire — de l'auteur [1]...

---

1. Au terme de cette étude, on lira avec intérêt une communication de l'écrivain lui-même :

« On me demande quelle est, selon moi, ma meilleure pièce. Incontestablement, *La Ville dont le Prince est un enfant*, que je mets à part, en avant. D'accord en cela, d'ailleurs, avec tous les gens de théâtre. Au-dessous, je mets sur la même ligne *Fils de Personne*, *Le Maître de Santiago*, *Le Cardinal d'Espagne*. »

Analyse de la pièce

Les sources

De nombreuses œuvres des littératures portugaise et espagnole ont eu pour sujet la légende d'Inès de Castro. L'une d'entre elles, au moins, a été utilisée par Montherlant : c'est la pièce de Luis Velez de Guevara (1570-1644), intitulée *Reinar despues de morir* (1604), ou, en français, *Régner après sa mort*.

Cette pièce, Jean-Louis Vaudoyer, administrateur de la Comédie-Française pendant la guerre, l'avait donnée à lire à Montherlant dans l'espoir qu'elle l'inciterait à écrire pour la scène. Et, en effet, c'est de cette lecture, des échos qu'elle éveilla dans l'esprit et le cœur de l'écrivain, que devait un jour sortir *La Reine Morte*. Mais *La Reine Morte* n'est, en aucune façon, une traduction ni même une adaptation de l'œuvre espagnole. Procédant à la manière d'un Corneille tirant du *Romancero* et de Guilhem de Castro le sujet du *Cid* ou de Racine s'inspirant de la *Phèdre et Hippolyte* d'Euripide, Montherlant a puisé dans une matière en somme commune, puisque maintes et maintes fois traitée avant lui, pour en faire son bien propre.

Quelques exemples prouveront la liberté de l'auteur français à l'égard de son prédécesseur espagnol. Dans la pièce de Guevara, Inès de Castro est déjà la mère de deux enfants assez grands, alors que chez Montherlant elle en attend un : or c'est la révélation de cette maternité prochaine qui, dans *La Reine Morte*, pousse Ferrante à décider brusquement de se débarrasser de la jeune femme. Chez Guevara, c'est le vieux roi lui-même qui annonce à Inès qu'il va la faire mourir; chez Montherlant, au contraire, il lui cache sa résolution jusqu'au dernier moment, la laisse repartir tranquillisée, et s'assure qu'elle soit tuée sans même qu'elle puisse s'en apercevoir. Dans Guevara, l'assassinat est perpétré par les deux conseillers du roi ; dans Montherlant, il est l'œuvre de quelques spadassins. Et surtout, il y a dans la pièce française tout un *suspens psychologique* (Ferrante cédera-t-il ou non à la pression perfide de son entourage ?) qu'on ne rencontre nulle part dans la pièce espagnole, par ailleurs un peu gâtée — aux yeux d'un moderne surtout — par le lyrisme souvent ampoulé du style.

L'action

Comme dans la tragédie classique, l'action, dans *La Reine Morte*, est resserrée autour d'une *crise*. Celle-ci est provoquée par l'arrivée, à la cour portugaise, de l'Infante de Navarre qui est venue pour épouser l'Infant de Portugal, don Pedro. Pedro se dérobe devant le mariage, sans avoir le courage de dire la vérité à son père, le roi Ferrante : il argue de sa liaison avec une dame de la cour, Inès de Castro, dont il refuse de se séparer.

Au début de la pièce, Ferrante espère aboutir à une solution de compromis : il suffirait que son fils, tout en gardant sa maîtresse, épouse l'Infante d'Espagne. Et, Pedro refusant d'entendre la voix de la raison, il pense persuader Inès de se montrer plus raisonnable. Hélas ! Inès lui apprend que Pedro l'a épousée en secret, et le roi commence à se rendre compte qu'il est pris au piège. Pour apaiser sa colère, il fait arrêter son fils, mais laisse Inès en liberté. Dès la fin du premier acte, l'action est *nouée*.

Comment dénouer le drame ? Une solution simple, mais cruelle, est proposée à Ferrante par ses conseillers : tuer Inès de Castro, seul obstacle aux projets du roi. Mais celui-ci ergote : la jeune femme n'est pas vraiment coupable ; on pourrait se borner à l'« emprisonner » ou à l'« exiler ». De plus, Inès lui inspire de la sympathie : il a une entrevue avec elle, où il essaie de la mettre en garde contre les dangers qui la menacent. Un instant, le centre d'intérêt se déplace : Inès va-t-elle fuir, accompagner l'Infante de Navarre qui lui offre de la protéger ? Mais non : son amour est plus fort que tout. Elle restera au Portugal. A la fin du deuxième acte, son refus d'écouter le roi comme de s'enfuir interdit toute possibilité de la sauver.

Au début de l'acte III, Ferrante tergiverse encore. Mais il est humilié par la décision du pape de l'empêcher de punir l'évêque de Guarda, qui a uni en secret Inès et Pedro. En second lieu, l'annonce d'un débarquement d'Africains sur la côte portugaise lui fait craindre que, faute d'énergie, son royaume ne soit en danger. Il lui reste d'apprendre, troisième nouvelle accablante, qu'Inès attend un enfant, dont la naissance va mettre en cause la succession au trône, pour que — soudain — la balance penche du côté funeste et qu'il décide, en un éclair, de faire périr la jeune femme. La résolution prise, le dénouement se précipite : Ferrante meurt presque en même temps que sa victime, dont Pedro fait solennellement ramener et couronner le cadavre. Dans une sorte d'épilogue, les courtisans et le petit page lui-même, dernier fidèle du roi, délaissent le corps de leur ancien maître pour aller s'agenouiller devant « la Reine morte » : le jeu de scène final prend l'aspect d'un *symbole*...

Les personnages

On le voit : l'action est tout *intérieure*. Tout l'intérêt de la pièce est, conformément aux vues théâtrales de l'auteur, dans « l'exploration de l'homme..., dans l'étude d'un certain nombre de mouvements de l'âme humaine ». Autrement dit, c'est dans la vérité des personnages que réside la vertu essentielle de la pièce.

Les personnages principaux, bien que leurs rôles respectifs soient d'importance inégale, sont au nombre de quatre : deux hommes et deux femmes, qui eux-mêmes forment deux couples violemment contrastés. Le père et le fils s'opposent avec la même rigueur et presque la même symétrie que l'Infante de Navarre et Inès de Castro.

Ferrante, c'est évident, domine de sa puissante stature toute la pièce. Il est roi et est conscient de ses devoirs, du « contrat qu'il a passé avec ses peuples ». Mais la raison d'État n'est point la cause principale de ses actes. « Il n'est pas une machine politique » (J. de Laprade). Il est homme surtout — et ce sont ses sentiments personnels qui l'amènent à agir comme il fait. Pour le comprendre, il faut sans cesse penser à son âge, à la lassitude physique et morale que le vieillissement lui a apportée. Une expression sort plusieurs fois de sa bouche : « Je connais tout cela. » Il « connaît » les hommes et les femmes, les jeux de la politique et de l'amour,

les joies et les déceptions de la paternité. « Encore un printemps à recommencer, et à recommencer moins bien ! »
s'écrie-t-il, quand Inès lui révèle qu'elle attend un enfant.
Oui, tout est toujours pareil, « tout est reprise, refrain,
ritournelle », l'espérance est une « maladie », il aura « puisé
avec un crible », il se sera « écoulé comme le vent du désert ».
Certes, il n'est pas foncièrement mauvais : il refuse de
condamner sur-le-champ Lourenço Payva, il lutte longuement pour sauver la vie d'Inès de Castro. Mais il est faible
aussi, impressionnable, et son aptitude à voir clair dans le
jeu d'autrui ne le retient pas lui-même de l'aveuglement :
« Je vois l'abîme, et j'y vais. » Il tue sans comprendre, mais il
tue, comme pour se débarrasser de lui-même, de ce
« nœud épouvantable de contradictions » dont il souffre,
mais qu'il n'a pas le courage — ou la force — de démêler et
qu'il préfère — c'est plus simple — trancher d'un coup.
Héros ambigu (« bien meilleur et bien pire »), dont il est
aussi impossible de faire le portrait que de « sculpter avec
l'eau de la mer », il doit à cette ambiguïté même sa vérité
dramatique et son humanité.

Près de ce héros, de taille shakespearienne, Pedro offre une
image falote. Il est petit, sans courage, accroché à son
bonheur comme un naufragé à sa bouée. Sans doute porte-
t-il un amour profond à Inès et parle-t-il de la « vie privée »
en termes touchants. Mais ce fils de roi n'a aucun sens de
ses devoirs (« Apprenez à gouverner », implore Inès), il
tremble devant son père, et, s'il sait roucouler, il est incapable de pourvoir à la sécurité de la femme qu'il aime. Son
père le définit avec cruauté, mais justesse : « Le Prince est
une eau peu profonde... »

S'il y a plus d'équilibre dans l'opposition entre les deux personnages de femmes, il est certain pourtant que celui d'Inès
est le plus attachant et le plus nuancé. L'Infante, « toute
pétrie d'orgueil », dure comme le sol rocailleux de son
pays, consciente d'être « née pour le règne », dédaigneuse
de la sentimentalité, généreuse envers sa rivale, énergique,
« virile », « gerfaut » de génie — comme dit Ferrante —,
fait souffler une « exaltation » qui, effectivement, soulève
d'un vent pur et fort deux ou trois grandes scènes. Mais,
et l'Infante n'échappe pas à ce mouvement général, n'est-ce
pas vers Inès que va, instinctivement, toute notre sympathie ?
Elle est la femme éternelle, faite non pas « pour lutter, mais
pour aimer ». Quel élan, lorsqu'elle retrouve Pedro dont

elle a été séparée : « Un instant, un petit instant encore, que je repose sur l'épaule de l'homme, là où l'on ne meurt pas. » Et quand elle évoque cet enfant qui va naître, qu'elle porte « au chaud de son cœur » et qu'elle façonne à tous les instants, non seulement de toute sa chair, mais de toute son âme, ne chante-t-elle pas l'hymne sublime de la maternité : « Il s'agit d'être encore plus stricte à l'égard de soi, de se sauver de toute bassesse, de vivre droit, sûr, net et pur, pour qu'un être puisse garder plus tard l'image la plus belle possible de vous, tendrement et sans reproche. » Parmi les figures féminines créées par Montherlant, qui ne fut pas toujours tendre pour ses héroïnes, elle « représente la femme dans sa totalité et dans sa perfection » (Jeanne Sandelion).

La pensée et le style

La Reine Morte n'appartient pas, comme la majeure partie du répertoire contemporain, au théâtre idéologique, voire didactique. Pourtant il arrive souvent à l'auteur d'y traiter, ou d'y aborder, quelques-uns des grands problèmes de la condition humaine. En un sens, on pourrait même la considérer comme une orchestration, sur le plan dramatique, d'un certain nombre de thèmes chers à Montherlant et disséminés dans ses romans ou ses essais antérieurs.

La paternité est un de ces thèmes. Elle donne lieu, au début de la pièce notamment, à des tirades enfiévrées et à des formules qui se gravent dans toutes les mémoires : « *Treize ans à être l'un pour l'autre des étrangers, puis treize ans à être l'un pour l'autre des ennemis : voilà ce qu'on appelle la paternité!* » Certaines observations amères sur les femmes font songer à la misogynie qui s'exprime dans *Les Jeunes Filles* : « La prison va si bien aux femmes ! Elles y cessent de se peindre, y maigrissent, y ont enfin des vêtements décents, et une pâleur languissante qui les met à leur avantage. » Il est vrai que les hommes ne sont guère mieux traités dans une pièce, où, en revanche, les deux personnages féminins forcent la sympathie : « *Je ne suis pas encore parvenue à comprendre comment on peut aimer un homme. Ceux que j'ai approchés, je les ai vus, presque tous, grossiers, et vous, lâches. Lâcheté, c'est un mot qui m'évoque irrésistiblement les hommes.* » Et l'anathème jeté sur la paternité par un père déçu ne peut faire oublier l'admirable réplique inspirée à Inès par sa future maternité : « *Je crois que toute femme qui enfante pour la première fois est, en effet, la première femme qui met au monde.* »

Les réflexions sur la politique, sur la guerre, sur la « tragédie des actes » ne sont pas moins frappantes. Les plus originales peut-être sont celles qui touchent aux différents âges de la vie humaine : « *On dit toujours que c'est d'un ver que sort le papillon ; chez l'homme, c'est le papillon qui devient un ver.* » Le vieillissement surtout, thème nouveau chez Montherlant, mais qui ne fera que se développer dans les œuvres à venir (*Don Juan, Le Cardinal d'Espagne*, par exemple), est évoqué avec une rigueur saisissante : « *Ma fortune a vieilli* (...) *Cela où j'ai réussi, cela où j'ai échoué, aujourd'hui, tout a pour moi le même goût. Et les hommes, eux aussi, me paraissent se ressembler par trop entre eux.* » Il n'est pas jusqu'à la postérité, qui devrait être pourtant l'espoir et comme la foi d'un écrivain, qui ne fasse l'objet d'une sombre raillerie : « *Rien ne restera qu'un portrait, parmi douze autres, à l'Armeria de Coïmbre, le portrait d'un homme dont les gens qui viendront seront incapables de citer un seul acte, et dont ils penseront sans plus, en regardant ce portrait : « Celui-là a un nez plus long que les autres. »*

Ce théâtre de moraliste, où, à chaque page, le lecteur est arrêté par une maxime neuve et forte, est aussi un théâtre *écrit*, on voudrait presque dire *littéraire*, si le mot n'avait aujourd'hui une nuance péjorative. Il ne craint pas de faire leur place aux « monologues », aux « apartés », aux « tirades », qui, comme Montherlant le remarque, sont interdits dans « la dramaturgie moderne », mais qui abondent dans « notre théâtre classique ». Et ces morceaux de bravoure ne sont jamais froids : « éloquence », « rhétorique » sont des mots qui sont souvent revenus sous la plume des critiques, mais qui ne suffisent pas à condamner un langage qui, dit l'écrivain, « sort de moi comme du feu ». La *formule*, ici, éclate naturellement, fait mouche à tout coup : « *En prison, en prison pour médiocrité !* » « *Vous ne respirez pas à la hauteur où je respire.* » « *Mon père dit du roi Ferrante qu'il joue avec sa perfidie comme un bébé avec son pied.* » Et le *lyrisme*, qui inspira *Encore un instant de bonheur*, est partout présent, baignant le texte d'une buée de poésie rarissime dans le théâtre d'aujourd'hui :

« *Être reine m'est un calice, et je n'ai voulu le boire que pour le boire bouche à bouche avec vous.* » « *Je passe ma main sur ton visage, comme les aveugles, pour l'emporter deux fois.* » « *Son visage est comme ces visages de génies adolescents qu'on voit sculptés sur les cuirasses, et qui, la bouche grande ouverte, crient éternellement leur cri irrité.* »

Il suffit de faire quelques citations (il serait facile de les multiplier), et l'on comprend sans peine pourquoi *La Reine Morte*, vingt ans après sa création, fait figure d'œuvre proprement *classique*.

Le public et la critique

Selon Montherlant, la « générale », donnée le 9 décembre 1942, ne fut que « tiède ». Mais bientôt le succès fut considérable : « La centième » fut « atteinte en une année ». Reprise à la Comédie-Française en 1948, elle y est jouée depuis régulièrement et fait partie du répertoire.

Elle a été traduite en plusieurs langues. Elle a été représentée par la Comédie-Française au Brésil et en Argentine (1952), à Bruxelles (1958), et le sera aux États-Unis, au Mexique et au Canada (1966). Son succès en librairie n'est pas moins grand. Elle a également donné lieu à un enregistrement sur disques Pathé-Marconi.

De la critique — innombrable — on ne retiendra que cet hommage du grand écrivain de théâtre H.-R. Lenormand : « Le dialogue, où la pureté s'enlace à la corruption, l'absolutisme aveugle de la jeunesse à la profonde ambivalence de l'âge, atteint les sommets du *pathétique* et de la *grandeur* » (1943).

L'Infante humiliée

« *Vous êtes venu, Seigneur, dans ma Navarre (que Dieu protège!) pour vous y entretenir avec le Roi mon père des affaires de vos royaumes. Vous m'avez vue, vous m'avez parlé, vous avez cru qu'une alliance entre nos couronnes, par l'instrument du Prince votre fils, et de moi, pouvait être faite pour le grand bien de ces couronnes et pour celui de la chrétienté. Vous deux, les rois, vous décidez d'un voyage que je ferai au Portugal, accompagnée de l'Infant, mon frère, peu après votre retour. Nous venons, nous sommes reçus grandement. La froideur du Prince, à mon égard, ne me surprend ni ne m'attriste. J'avais vu plus loin ; au-delà de lui, je voyais l'œuvre à faire. Trois jours se passent. Ce matin, don Pedro, seul avec moi, me fait un aveu. Il plaide n'avoir su vos intentions qu'à votre retour de Navarre, quand il était trop tard pour revenir sur notre voyage. Il me déclare que son cœur est lié à jamais à une dame de votre pays, doña Inès de Castro, et que notre union n'aura pas lieu. Je crois que si je ne l'avais retenu il m'eût conté ses amours de bout en bout et dans le détail : tant les gens affligés du dérangement amoureux ont la manie de se croire objet d'admiration et d'envie pour l'univers entier. Ainsi on me fait venir, comme une servante, pour me dire qu'on me dédaigne et me rejeter à la mer ! Ma bouche sèche quand j'y pense. Seigneur, savez-vous que chez nous, en Navarre, on meurt d'humiliation ? Don Guzman Blanco, réprimandé par le roi Sanche, mon grand-père, prend la fièvre, se couche, et passe dans le mois. Le père Martorell, confesseur de mon père, lorsqu'il est interdit, a une éruption de boutons sur tout le corps, et expire après trois jours. Si je n'étais jeune et vigoureuse, Seigneur, de l'affront que j'ai reçu du Prince, je serais morte.* »

Acte I, scène 1 ; pp. 16 et 17.

I SENS GÉNÉRAL

Scène d'*exposition*, destinée à nous faire connaître les principaux *personnages* et la *situation* où ils se trouvent.

La *situation* :

1. Le roi de Navarre et le roi de Portugal ont conclu, entre leurs enfants, un *mariage de caractère politique* (« une alliance entre nos couronnes »).

2. « La *froideur* du Prince » et son « *aveu* » : il se déclare « *lié à jamais* » avec *Inès de Castro*.

3. La plainte de l'Infante, *humiliée*, qui risque de mourir de « *l'affront* » qui lui est fait.

Psychologie de l'Infante :

- le sens du *devoir royal* (« le grand bien de ces couronnes ») ;
- le sens de la *grandeur* (« je voyais l'œuvre à faire ») ;
- son *dédain de la sentimentalité* (« la froideur du Prince, à mon égard, ne me surprend ni ne m'attriste », « les gens affligés du dérangement amoureux ») ;
- sa *fierté* (« comme une servante... », « on me dédaigne... », « on meurt d'humiliation », « l'affront... »).

Ce que nous *avons appris* :

- *qui* est l'Infante ;
- *ce qu'elle est venue* faire à la cour de Portugal ;
- l'obstacle qui va déclencher *la crise* : le lien de Pedro avec Inès de Castro.

II DÉTAIL DE L'EXPRESSION

« *Ma* Navarre » : valeur affective (ma *chère* Navarre) et emphatique (ma *grande* Navarre).

L'emploi des possessifs, pour *éclairer les rapports* entre les personnages :

- « le Roi, *mon père*... » ;

● « *vos* royaumes... » ;

● « entre *nos* couronnes » ;

● le « Prince, *votre fils* » ;

● « l'Infant, *mon frère* », etc.

« Par *l'instrument* de » : l'intérêt royal compte seul ;
les êtres ne sont que des « instruments » à son service.

Nos *couronnes*, ces *couronnes* : répétition expressive,
insistant sur le devoir royal.

« *Seul* avec moi... il *plaide* » : lâcheté (il attend
d'être « seul », loin de son père) et sentiment de
culpabilité (il « plaide », comme une mauvaise
cause qu'on défend devant la justice).

« *Lié à jamais* », « *n'aura pas lieu* » : les paroles du
Prince expriment un état de fait *définitif*.

« Le *dérangement* amoureux » : sens péjoratif du
terme.

La tendance à *l'exagération* : « Comme une servante... », « on me dédaigne... », « me rejeter à la
mer... » « on meurt d'humiliation ».

Deux exemples de *fierté navarraise* : « Don Guzman
Blanco » et « le père Martorell ».

III QUELQUES QUESTIONS

Vous êtes venu, vous m'avez vue, etc.
Justifier l'emploi du *passé composé*.

Protège...
A quel *mode* est ici le verbe ? Pourquoi ?

Décider d'un voyage.
Différence d'emploi et de sens entre décider *quelque chose* et décider DE *quelque chose* ?

J'avais vu plus loin ;... je voyais.
Expliquez les *temps* employés.

Un aveu...
Qu'y a-t-il d'un peu *péjoratif* dans ce mot (cf. *avouer*).

Revenir sur...
Différence avec *revenir* DE ?

N'aura pas lieu.
Différence avec : ne *pourra* pas avoir lieu ?

Ses amours.
Valeur du *pluriel* ? Genre du mot en pareil cas ?

Affligés.
Trouver un ou deux synonymes, en marquant les *nuances* de sens.

On (me fait venir).
Expliquer l'emploi du « on ». Pourquoi ne dit-elle pas : « *Vous* me faites venir. » ?

Dédaigne.
Différence entre *dé-dain* et *mé-pris* ?

Passer.
On dit aussi *tré*-passer. Expliquer le préfixe.

Expirer.
Formation (*ex*-(s)*pirer*) et sens exact du mot ? Différence d'emploi avec *mourir* ?

IV ESSAIS

L'*habileté technique* dans cette exposition. Comparer avec l'art de l'exposition dans une grande pièce classique (*Tartuffe* ou *Phèdre*, par exemple).

La *couleur locale* dans cette tirade.

Dégagez les *principaux caractères du style*.

Père et fils

« L'Infante m'a fait part des propos monstrueux que vous lui avez tenus. Maintenant, écoutez-moi. Je suis las de mon trône, de ma cour, de mon peuple. Mais il y a aussi quelqu'un dont je suis particulièrement las, Pedro, c'est vous. Il y a tout juste treize ans que je suis las de vous, Pedro. Bébé, je l'avoue, vous ne me reteniez guère. Puis, de cinq à treize ans, je vous ai tendrement aimé. La Reine, votre mère, était morte, bien jeune. Votre frère aîné allait tourner à l'hébétude et entrer dans les ordres. Vous me restiez seul. Treize ans a été l'année de votre grande gloire ; vous avez eu à treize ans une grâce, une gentillesse, une finesse, une intelligence que vous n'avez jamais retrouvées depuis ; c'était le dernier et merveilleux rayon du soleil qui se couche ; seulement on sait que, dans douze heures, le soleil réapparaîtra, tandis que le génie de l'enfance, quand il s'éteint, c'est à tout jamais. On dit toujours que c'est d'un ver que sort le papillon ; chez l'homme, c'est le papillon qui devient un ver. A quatorze ans, c'en était fait, vous vous étiez éteint ; vous étiez devenu médiocre et grossier. Avant, Dieu me pardonne, par moments j'étais presque jaloux de votre gouverneur ; jaloux de vous voir prendre au sérieux ce que vous disait cette vieille bête de don Christoval, plus que ce que je vous disais moi-même. Je songeais aussi : « A cause des affaires de l'État, il me faut perdre mon enfant : je n'ai pas le temps de m'occuper de lui. » A partir de vos quatorze ans, j'ai été bien content que votre gouverneur me débarrassât de vous. Je ne vous ai plus recherché, je vous ai fui. Vous avez aujourd'hui vingt-six ans : il y a treize ans que je n'ai plus rien à vous dire. »

Acte I, scène 3 ; pp. 24 et 25.

I SENS GÉNÉRAL

Un père « particulièrement las » de son fils.

Il lui explique sa lassitude en retraçant les différentes *étapes* de ce qu'aura été pour lui *la paternité* :

- jusqu'à l'âge de cinq ans : *indifférence*;

- de cinq à treize ans : « *tendresse* » profonde, tout
  entière reportée sur ce fils;

- de quatorze à vingt-six ans : satisfaction d'être
  « *débarrassé* » de lui.

Histoire à rapprocher du bilan exposé acte I,
sc. 6 : « Treize ans à être l'un pour l'autre
des étrangers, puis treize ans à être l'un pour l'autre
des ennemis : c'est ce qu'on appelle *la paternité*. »

Éloge lyrique de la « *treizième année* », année où s'épanouit le « génie de l'enfance ». Idée chère à Montherlant et déjà exprimée dans *La Relève du Matin* :
« A treize ans, l'enfance jette son feu avant de
s'éteindre. Elle traverse, de ses dernières intuitions,
les premières réflexions de l'intelligence (...).
Jamais cet esprit n'aura plus de souplesse, plus de
mémoire, plus de rapidité à concevoir et à saisir,
jamais ses dons ne se montreront plus dépouillés.
Il n'est rien qu'on ne puisse demander à un garçon
de treize ans. »
On trouve, dans le théâtre de Montherlant, plusieurs personnages d'adolescents (dans *Fils de
Personne*, dans *La Ville dont le Prince est un enfant*); et
dans *La Reine Morte*, Dino del Moro a treize ans.

Goût des *idées générales*, des *grands problèmes humains*.
L'action s'arrête pour faire place à un développement philosophique, lequel d'ailleurs s'intègre par-
faitement à l'action, puisqu'il nous aide à comprendre le comportement du roi envers son fils.
C'est ici le lieu de rappeler le dédain de l'auteur
pour « l'action extérieure » délaissée au profit de
« *l'exploration de l'homme* ».

II DÉTAIL DE L'EXPRESSION

Les propos monstrueux.
L'attitude du roi est déjà impliquée dans le juge-

ment qu'il porte sur les « propos » de son fils : ils
sont « *monstrueux* », hors nature, donc *insuppor-
tables*. Le dénouement se profile déjà ici.

Las... las.
Thème de la *lassitude*, sur lequel l'auteur revient
souvent dans la pièce : le roi est *désabusé* de tout,
même de son règne (« trône », « cour », « peuple »).

*Il y a tout juste treize ans... Vous avez aujourd'hui
vingt-six ans...*
On notera la division de la vie de Pedro en deux
parts symétriques : les treize premières années, dont
il parle favorablement ; les treize suivantes, qui l'ont
déçu. Cet *équilibre* du bon et du mauvais dans la
même personne, cette *coexistence* du meilleur et du
pire (cf. « bien meilleur et bien pire », acte III,
sc. 1), montrent l'*ambiguïté profonde* des êtres : idée
propre à la psychologie de Montherlant.

La Reine était morte... votre frère aîné...
L'*exposition* se continue ici.

Grâce, gentillesse, finesse, intelligence.
Choix d'un vocabulaire nuancé, dont l'éventail
couvre tous les aspects du « génie de l'enfance » :
le *physique* (« grâce »), le *moral* (« gentillesse »),
l'*esprit* (« finesse, intelligence »).

Le dernier et merveilleux rayon..., le ver et le papillon.
La *poésie* est obtenue sans effort, par deux images
simples et frappantes. Et le ton *moraliste* est exprimé
par le sens de la formule générale, de la *maxime* :
« On dit toujours... »

« Cette vieille bête de don Christoval ».
Mépris pour les *pédagogues* de métier, qui ont toujours été tenus hors de la vie et n'y comprennent
rien (cf. : « Don Christoval, on a beau vous mettre
le nez sur la réalité, vous vous enfermez dans les
lieux communs optimistes... Vous êtes pédagogue et
moralisateur ; vous n'êtes pas fait pour *le simple* ni
pour *le vrai*. » (I, 7)

Je n'ai pas le temps de m'occuper de lui.

Importance de l'*éducation* et de la vie privée, idée
que reprendra dans le même sens Pedro contre
son père : « Une femme, un enfant, les former, les
rendre heureux », etc. (p. 39).

Je ne vous ai plus recherché, je vous ai fui.
Le goût de l'*antithèse* dans le style de Montherlant :
cf. « le papillon et le ver ».

III QUELQUES QUESTIONS

Écoutez-moi.
Sur quel *ton* le roi parle-t-il à don Pedro ? Quel
sentiment suppose en lui l'emploi de ce verbe ?

Particulièrement... tout juste.
Quel *trait de caractère* révèlent ces deux adverbes ?

Bébé.
Fonction du mot ? La rendre plus visible en com-
plétant le mot par une proposition.

Gloire.
Sens exact du mot ici ? N'a-t-il pas un sens différent à l'époque classique (chez Corneille, par
exemple) ?

Gentillesse.
Le mot a-t-il *seulement* son sens actuel ? On le rap-
prochera de « *gentil* », qu'on trouve dans « gen-
tilhomme ».

Finesse.
Différence avec *intelligence* ?

Merveilleux.
Sens premier et sens actuel (un peu atténué) ?
Lequel domine ici ?

Seulement.
Trouver un *synonyme* (mot ou phrase).

Génie.
Sens du mot *ici* (différence avec « les *génies* adolescents » (p. 29), et avec : « Dans ces salles souffletées de tous côtés par son *génie* » (p. 84).

S'éteint.
Justifier l'emploi de ce mot.

Médiocre et grossière.
Auxquels des quatre adjectifs cités plus haut ces deux-ci *s'opposent-ils* ?

Débarrassât.
Justifier le *mode* et le *temps*.

Recherché.
Différence entre « *chercher* » et « *re-chercher* » ?

IV ESSAIS

Quel est, selon vous, l'âge où l'être humain atteint son *développement le plus complet* (on songera au mot de Malraux : « Il faut *soixante ans* pour faire un homme... »).

Importance *relative* de la vie *publique* et de la vie *privée*.

Peut-on cesser d'aimer un être simplement à cause de sa « médiocrité » ? (Penser à la distinction faite par les Précieux entre l'amour-*inclination* et l'amour-*estime*.)

Relever et étudier quelques-unes des *métaphores* contenues dans la pièce. Quels *effets* l'écrivain en tire-t-il ? Pensez-vous, comme dit le proverbe, que « comparaison n'est pas raison » ?

Par la douceur plutôt que par la violence

« *Savez-vous ce qu'ils souhaitent ? Une politique d'intimida-tion contre don Pedro et contre vous. L'Infante, hélas! repart demain. Elle me laisse seul et dans ces salles souffletées de tous côtés par son génie, me rongeant de n'avoir pu retenir ce gerfaut à cause de vous et de vos sentimentalités. Et pourtant je ne vous en veux pas. L'Infante est une fille inspirée et fiévreuse : elle a été bercée sur un bouclier d'airain ; vous, on dirait que vous êtes née d'un sourire... Mais il n'est pas dit qu'elle m'échappe à jamais. Le mariage de don Pedro et de l'Infante pourrait avoir lieu dans quelques semaines ou quelques mois, si le Pape accep-tait de donner l'annulation, et si don Pedro y consentait. Et mes Grands voudraient que j'obtienne ce consentement en sévissant contre le Prince et contre vous. S'ils en avaient l'audace — que bien entendu ils n'ont pas, — ils me demanderaient votre tête. Ils sont acharnés après moi comme les chiens après le taureau. Je résiste ; alors ils m'accusent d'être pusillanime. Comme par hasard, le dominicain qui parlait hier soir à ma chapelle a fait un sermon sur la fermeté !*

Acte II, scène 3; pp. 83 et 84.

I SENS GÉNÉRAL

La « politique *d'intimidation* » prêchée par l'entou-rage du roi (« en *sévissant* contre le Prince et contre vous » ; « ils me demanderaient *votre tête* ») et le *chantage moral* exercé sur lui (« être *pusillanime* »; « un sermon sur la *fermeté* »).

Le roi « *résiste* » :

1) Par sympathie personnelle pour Inès. (« Je ne *vous en veux pas* », « vous êtes *née d'un sourire*. »)

2) Par espoir secret de triompher par la *persuasion* (il *n'est pas dit* qu'elle m'échappe à jamais; le mariage de don Pedro et de l'Infante *pourrait avoir lieu...*).

Désormais, la *lutte* est engagée entre le roi et son entourage : qui des deux l'emportera ? La situation *dramatique* est créée et le dénouement dépendra d'un conflit psychologique entre les bons sentiments du roi (sa sympathie pour Inès, sa volonté d'agir par la douceur) et ses défauts (sa faiblesse, sa peur d'être berné, sa volonté de sortir coûte que coûte d'un mauvais pas).

II DÉTAIL DE L'EXPRESSION

Savez-vous ce qu'ils souhaitent ?
Le roi fait à Inès une confidence destinée à lui donner confiance et à faire d'elle une *alliée*.

Souffletées, ce gerfaut, bouclier d'airain.
Autant *d'images* visant à exprimer le « génie » grandiose de l'Infante. On notera ici le sens des contrastes : « Elle a été bercée sur un *bouclier d'airain*; vous, on dirait que vous êtes *née d'un sourire...* »

Pourrait avoir lieu.
Conditionnel de *prudence* (« *Si* le Pape... et *si* don Pedro »), mais aussi d'*espoir...*

Ils me demanderaient votre tête.
Tout en la rassurant, le roi essaie de *faire peur* à la jeune femme et de l'amener ainsi à *réfléchir*, c'est-à-dire à *se laisser fléchir*.

Acharnés après moi.
Ferrante est un homme *seul* qui combat une multitude : d'où sa force — provisoire —, et sa faiblesse — finale. D'où aussi l'appel à l'aide qu'il lance à doña Inès.

Par hasard.
Lucidité du vieux roi, qui voit clair dans le jeu de ses adversaires.

Je résiste.
Ce n'est donc pas lui qui mène le jeu ; il y a là comme un présage du dénouement de la pièce.

III QUELQUES QUESTIONS

Une politique d'intimidation.
En connaissez-vous quelques exemples dans l'histoire ?

Gerfaut.
Justifier cette comparaison.

Sentimentalités.
Quel est le sens particulier donné à ce mot par l'emploi du *pluriel* ?

Inspirée.
De quel autre mot (du passage) cet adjectif doit-il être rapproché ?

Si don Pedro y consentait.
Don Pedro ou doña Inès ?

Grands.
Que signifie l'adjectif employé *seul* et écrit *avec une majuscule* ?

Que bien entendu ils n'ont pas.
Pourquoi Ferrante introduit-il cette parenthèse ?

Pusillanime.
Sens exact du mot ? Qu'a-t-il de *péjoratif* ici ?

IV ESSAIS

Expliquer cette formule de don Pedro à propos de Ferrante : « Vouloir définir le Roi, c'est vouloir sculpter une statue avec de l'eau de mer. »

(II, 4, p. 111.)

Peut-on concilier *la morale* et *la politique* ?

Étudiez, dans le style de Montherlant, le mélange de *réalisme* et de *poésie*.

Deux femmes

L'Infante : *Allons, Inès, venez ! Je vous tends votre vie.
Le souffle des rois est brûlant. Il vous consumera.*

Inès : *Il consume ce qui de toutes façons sera consumé. Je
n'ai pas été faite pour lutter, mais pour aimer. Toute petite,
quand la forme de mes seins n'était pas encore visible, j'étais
déjà pleine d'amour pour mes poupées ; et il y en avait toujours
une que j'appelais l'Amant, et l'autre la Bien-Aimée. Et
déjà, si l'on m'avait ouvert la poitrine, il en aurait coulé de
l'amour, comme cette sorte de lait qui coule de certaines plantes,
quand on en brise la tige. Aimer, je ne sais rien faire d'autre.
Voyez cette cascade : elle ne lutte pas, elle suit sa pente. Il faut
laisser tomber les eaux.*

L'Infante : *La cascade ne tombe pas : elle se précipite.
Elle fait aussi marcher les moulins. L'eau est dirigée dans des
canaux. La rame la bat, la proue la coupe. Partout je la vois
violentée. Oh ! comme vous êtes molle !*

Inès : *C'est quand le fruit est un peu mol qu'il reçoit bien
jusqu'à son cœur tous les rayons de la Création.*

L'Infante: *Je vous en prie, ne me faites pas l'éloge de la
mollesse : vous me blessez personnellement.*

Acte II, scène 5; pp. 107 et 108.

I sens général

Sur le plan psychologique, deux *types* de *femmes*,
violemment contrastées : l'une toute *passivité*,
l'autre toute *activité*.

Inès de Castro

1) *Sentiment dominant : l'Amour* évoqué six fois
(« aimer..., amants..., etc. »).

2) *Fatalisme* (« ce qui *de toutes façons* sera consumé »)
et sentiment d'une *vocation personnelle* que rien ne
peut changer (« *faite... pour* aimer »; « *toute petite...
déjà...* », « il y en avait *toujours* », « et *déjà* »).

3) *Passivité :*

● « *pas* faite pour lutter »;

● « il en aurait *coulé* de l'amour »;

● « je ne sais *rien faire d'autre* »;

● « elle *suit* sa pente. Il faut *laisser tomber les eaux* »;

● « le fruit un peu *mol* »; « il *reçoit* jusqu'à son cœur ».

L'Infante.

1) Caractère *impérieux :* « allons..., venez..., » ;
« je vous en prie... » ; « ne me faites pas... ».

2) Goût de *l'action :* (« elle se *précipite* »; « elle *fait
marcher* »; « *la bat..., la coupe...* »); poussé jusqu'à la
violence (« partout je la vois *violentée* »).

Dialogue fait de *rebondissements* sur certains mots
(« *consumer, tomber, molle* ») et nourri de nombreuses
images poétiques (« cette sorte de lait », « cette
cascade », « le fruit »...).

Montherlant *oppose* ici deux types féminins sans
exprimer de préférence pour l'un ou pour l'autre.
Il veut surtout montrer *la coexistence*, au sein de la
nature humaine, d'êtres profondément *différents* et
néanmoins *également* attachants. On retrouve un
conflit identique et une même impartialité dans le
contraste entre Ferrante et son fils (cf. I, 3, pp.
24 à 35).

II DÉTAIL DE L'EXPRESSION

Je vous tends votre vie.
Expression puissante par son raccourci : *je vous tends* (les bras qui sauveront) *votre vie.*

Le souffle est si *brûlant* qu'il vous *consumera.*
Le style *métaphorique.*

Consumer, consumera, sera consumé.
Le goût de la *répétition*, quand un mot est jugé nécessaire : *coulé..., qui coule*; *lutte..., lutter* (cf. : Dans *Notes de théâtre* : « Notre littérature moderne interdit qu'on répète à peu de distance le même mot; mais Racine ne s'inquiète nullement de répéter le même mot »).

Je n'ai pas été faite... mais pour aimer.
Parodie du mot célèbre de l'*Antigone* de Sophocle : « Je n'ai pas été créée pour haïr, mais pour aimer. »

Quand... visible.
Insiste sur le fait que l'adolescence, en transformant son corps, n'a rien changé de son âme, qui a toujours été la même.

Poupées.
Côté *puéril* du personnage.

L'Amant... la Bien-Aimée.
Noter l'obsession du couple humain, dont elle croit avoir réalisé un si parfait exemple avec don Pedro.

Aurait coulé de l'amour.
Association du concret et de l'abstrait. Le verbe est amené par la comparaison « comme cette sorte de *lait* ».

Aimer, je ne sais rien faire d'autre.
Importance de la *place* du mot ?

Voyez cette cascade.
Exemple pris dans la nature, donc d'autant plus convaincant.

Il le faut.
Ce qu'elle observe est présenté comme une *loi de nature.*

Se précipite..., la bat..., la coupe.
On notera l'*énergie* des verbes employés et leur *multiplicité* qui donne du *mouvement* à la phrase.

C'est quand le fruit...
Encore un exemple pris dans la nature.

Bien, jusqu'à son cœur, tous (les rayons).
Association des différents compléments pour montrer la *réceptivité* de l'élément fécondé.

Oh ! comme vous êtes molle... l'éloge de la mollesse.
Encore une *répétition* expressive.

III QUELQUES QUESTIONS

Il vous consumera.
Valeur de cet avertissement au point de vue *dramatique* ?

Brûlant... consumera.
Différence de sens entre *brûler* et *consumer* ?

De toutes façons.
Trouver un ou deux synonymes.

Je n'ai pas été faite.
Valeur du *passé composé* (de préférence au passé simple) ?

J'étais, il y avait.
Valeur des *imparfaits* ?

Tomber... se précipiter.
Différence de sens ?

L'eau est dirigée dans des canaux.
Pour quoi faire ?

Qu'est-ce qui caractérise *le style* dans le couplet de l'Infante ?

Mol.
Pourquoi *mol* et non *mou* ? Dans quel cas, normalement, emploie-t-on l'un ou l'autre ?

Tous les rayons de la Création.
Pourquoi de la « Création » et non du « soleil » ? Quel est l'effet de style ici ?

Personnellement.
Valeur de l'adverbe ?

IV ESSAIS.

Le *dénouement* n'est-il pas déjà préparé dans ce dialogue ?

Lutter et aimer. Ces deux modes de vie sont-ils totalement incompatibles ? Ne peut-on pas les associer ?

Elle suit sa pente. On opposera et on expliquera ce mot de Gide : « Il faut suivre sa pente, *mais en montant.* » (*Les Faux-Monnayeurs.*)

Étudier le style : les métaphores, la *longueur des phrases,* la *place* des mots.

Hymne à la maternité

INÈS : *O mon Roi, puisque cette nuit est pleine de grandes choses, qu'enfin je vous en fasse l'aveu : un enfant de votre sang se forme en moi.*

FERRANTE : *Un enfant ! Encore un enfant ! Ce ne sera donc jamais fini !*

INÈS : *Et que vous importe s'il trouble vos projets, puisque vous venez de crier que vous ne croyez plus à la fonction de roi ! C'est ici que nous allons voir si vraiment vous étiez* véridique.

FERRANTE : *Encore un printemps à recommencer, et à recommencer moins bien !*

INÈS : *Moi qui aime tant d'être aimée, j'aurai fait moi-même un être dont il dépendra entièrement de moi que je me fasse aimer ! Que je voudrais lui donner de sa mère une idée qui le préserve de tout toute sa vie ! Il s'agit d'être encore plus* stricte *à l'égard de soi, de se sauver de toute bassesse, de vivre droit, sûr, net et pur, pour qu'un être puisse garder plus tard l'image la plus belle possible de vous, tendrement et sans reproche. Il est une* revision, *ou plutôt une seconde création de moi ; je le fais ensemble et je me refais. Je le porte et il me porte. Je me fonds en lui. Je coule en lui mon bien. Je souhaite avec passion qu'il me ressemble dans ce que j'ai de mieux.*

FERRANTE : *Et, ce qu'il vous reprochera, c'est cela même : d'avoir voulu qu'il fût pareil à vous. Allez, je connais tout cela.*

INÈS : *S'il ne pense pas comme moi, il me sera un étranger, lui qui est moi. Mais non. Il est le rêve de mon sang. Mon sang ne peut pas me tromper.*

Ferrante : *Le rêve... Vous ne croyez pas si bien dire. Vous êtes en pleine rêverie.*

Inès : *Est-ce rêverie, cette chair que je crée de la mienne ? Oh ! cela est grisant et immense.*

Ferrante : *On dirait vraiment que vous êtes la première femme qui met au monde.*

Inès : *Je crois que toute femme qui enfante pour la première fois est en effet la première femme qui met au monde.*

Acte III, scène 6; pp. 143 à 145.

I sens général

> *Dialogue de sourds* entre une jeune femme qui s'ouvre *au sentiment maternel* (« il est une revision ou plutôt une seconde création de moi »... ; « cette chair que je crée de la mienne... ») et un vieil homme que *la paternité a déçu* (« Encore un enfant »..., « un printemps à recommencer... moins bien »... ; « je connais tout cela... »), entre l'espoir et l'expérience désabusée.

Passage construit tout en contrastes et rebondissant de mot en mot, comme la cascade de pierre en pierre :

- « un enfant » ; « encore un enfant »;
- « qu'il me ressemble » ; « d'avoir voulu qu'il fût pareil à vous »;
- « le rêve » ; « en pleine rêverie » ;
- « la première femme qui met au monde » ; « toute femme qui enfante pour la première fois ».

Scène décisive : l'aveu d'Inès rend impossible toute solution de compromis. De plus, le lyrisme exalté de la jeune femme exaspère le vieux roi (cf. infra : « Votre maladie à vous est l'espérance. Vous mériteriez que Dieu vous envoie *une terrible épreuve...* »). La « naïveté » d'Inès va donner à Ferrante un prétexte moral de se débarrasser d'elle.

II DÉTAIL DE L'EXPRESSION

O mon Roi.
Valeur *solennelle* du « ô » invocatoire et *affective*
de « mon ».

Enfin... aveu.
Cri de *soulagement*, comme de quelqu'un qui a trop
longtemps gardé un secret.

*Un enfant... un enfant ; à recommencer et à recommencer
moins bien ; encore... encore.*
Les *répétitions*, signe de l'impatience croissante du
roi.

Véridique.
Le roi pris à son propre piège (cf. supra: « Le bruit
de la vérité les épouvante »).

Entièrement... de tout... toute sa vie...
Sentiment de plénitude, d'accomplissement *total*
de l'être.

Droit, sûr, net et pur.
Valeur sonore de ces quatre monosyllabes, qui
retentissent comme autant de mots d'ordre dictant
la conduite de la future mère.

Je le fais... et je me refais ; je le porte et il me porte.
L'expression de la *réciprocité*, de l'interaction de la
mère sur l'enfant et de l'enfant sur la mère.

Ce que j'ai de mieux.
L'*ascension morale* par la maternité.

Rêverie, cette chair que je crée...
Le choc des contraires, entre la « rêverie » *imagi-
naire* et la « *chair* » *créée*.

La première femme qui met au monde.
La répétition par Inès de la phrase de Ferrante
montre bien le miracle de la maternité : c'est toujours le même acte, et pourtant pour chaque femme,
prise personnellement, c'est *toujours la première fois*.

III QUELQUES QUESTIONS

Un enfant de votre sang.
Justifiez l'emploi de cette expression (comparez, par ex., avec : un enfant de « votre fils »).

Crier.
Différence de sens avec : *dire* ?

Véridique.
Différence de sens entre *vrai* et *véri-dique* ?

Aimer de.
Connaissez-vous d'autres constructions de ce verbe ? A quelle *nuance* correspond chacune d'elles ?

J'aurai fait.
Valeur du futur antérieur ?

Préserve.
A quel mode (indicatif ou subjonctif) est ce verbe ? Justifiez votre choix.

Stricte... droit...
Expliquez la différence d'*accords* ?

(La plus belle possible de) vous.
Que représente ce pronom personnel ?

Mon bien.
Que veut dire exactement ce mot ?

Fût.
Justifiez l'imparfait du subjonctif.

Étranger.
Quel est le sens habituel de ce mot ? Que veut-il dire *ici* ?

Rêve... rêverie.
Qu'y a-t-il de *dépréciatif* dans le second mot par rapport au premier ?

Que je crée de la mienne.
Valeur du mot *de* ?

Grisant.
Sens *concret* et *figuré* du mot ?

(Qui enfante) *pour la première fois.*
Pourquoi cette précision *temporelle* ?

IV ESSAIS

Quelles ressemblances et quelles différences peut-on établir entre le sentiment *paternel* et le sentiment *maternel* ?

Comment s'explique le *brusque revirement* qui va conduire Ferrante à faire assassiner Inès de Castro ?

Que pensez-vous du *genre théâtral* auquel appartient *La Reine Morte* ?
Préférez-vous le théâtre *psychologique* ou le théâtre *d'action* ? Les sujets *historiques* ou les sujets *d'actualité* ? Le style *noble et poétique* ou le langage *quotidien* ?

Une décision sans appel

FERRANTE : *Pourquoi est-ce que je la tue ? Il y a sans doute une raison, mais je ne la distingue pas. Non seulement Pedro n'épousera pas l'Infante, mais je l'arme contre moi, inexpiablement. J'ajoute encore un risque à cet horrible manteau de risques que je traîne sur moi et derrière moi, toujours plus lourd, toujours plus chargé, que je charge moi-même à plaisir, et sous lequel un jour... Ah! la mort, qui vous met enfin hors d'atteinte... Pourquoi est-ce que je la tue ? Acte inutile, acte funeste. Mais ma volonté m'aspire, et je commets la faute, sachant que c'en est une. Eh bien! qu'au moins je me débarrasse tout de suite de cet acte. Un remords vaut mieux qu'une hésitation qui se prolonge.* (Appelant) *Page ! Oh non ! pas un page. Garde !* (Entre un garde.) *Appelez-moi le capitaine Batalha.* (Seul) *Plus je mesure ce qu'il y a d'injuste et d'atroce dans ce que je fais, plus je m'y enfonce, parce que plus je m'y plais.* (Entre le capitaine.) *Capitaine, doña Inès de Castro sort d'ici et se met en route vers le Mondego, avec quatre hommes à elle, peu armés. Prenez du monde, rejoignez-la, et frappez. Cela est cruel, mais il le faut. Et ayez soin de ne pas manquer votre affaire. Les gens ont toutes sortes de tours pour ne pas mourir. Et faites la chose d'un coup. Il y en a qu'il ne faut pas tuer d'un coup : cela est trop vite. Elle, d'un coup. Sur mon âme, je veux qu'elle ne souffre pas.*

Acte III, scène 7 ; pp. 155 et 156.

I SENS GÉNÉRAL

Thème de la scène : « *Pourquoi* est-ce que je la tue ? »
Phrase répétée textuellement, comme un leitmotiv.

Les trois moments :

1) Le roi cherche à *comprendre* son acte sans y parvenir. (« *Pourquoi ?...*; une *raison*, mais je *ne la distingue pas* ; je l'arme *contre moi...*; j'ajoute *encore un risque...* »)

2) La *volonté* plus forte que la raison :
« ma volonté *m'aspire* » ;
« qu'au moins je me débarrasse *tout de suite* » ;
« un remords *vaut mieux...* » ;
« plus je m'y *enfonce...* ».

3) *L'ordre* de tuer et la *précision* avec laquelle il le donne : « *prenez* du monde », « *rejoignez*-la », « *frappez, ayez soin* », « *faites* la chose ».

Il y a ici un contraste frappant entre la *longue résistance* que le roi a opposée à ses conseillers et la *brusquerie* avec laquelle il se décide. L'acte de Ferrante est *absurde*, il est le premier à en convenir, il en a comme honte (« Oh non ! pas un page ») : mais il l'accomplit et le précipite, comme pour s'ôter à lui-même toute possibilité de faire marche arrière. L'auteur veut montrer que, loin d'être logique, l'être humain est un tissu de *contradictions*, que la tâche de l'écrivain est de mettre en pleine lumière.

II DÉTAIL DE L'EXPRESSION

Pourquoi est-ce que je la tue ? Il y a sans doute *une raison... Pourquoi ?...*
Ferrante cherche toujours la raison secrète des actes humains :
A Inès : *pourquoi* vous marier ? (I, 5 ; p. 59.)
A Egas Coelho : *pourquoi* voulez-vous tuer doña Inès ? (II, 2 ; p. 88.)

Inexpiablement.
Longueur et *place* du mot, détaché à la fin de la phrase, comme s'il tranchait définitivement entre Ferrante et son fils les derniers liens qui les unissent.

Sur *moi* et derrière moi..., *toujours plus* lourd, *toujours plus* chargé..., *toujours chargé*, que je *charge*. La *lassitude* de Ferrante exprimée par ces *répétitions*, comme si un poids nouveau à chaque fois pesait sur ses épaules. Elle pèse si lourd qu'elle explique le brusque désir de s'en « débarrasser ».

Hors d'atteinte.
Des autres et de soi-même.

Inutile, funeste, injuste, atroce.
Ferrante ne se dissimule pas à lui-même la cruauté de son acte : il est le premier à le condamner.

M'aspire.
Force du verbe : la volonté agit comme un abîme vertigineux (cf. plus loin : « je m'y enfonce »).

Sachant que c'en est une.
La *lucidité* dans l'absurde.

Oh non ! pas un page.
Les scrupules de Ferrante : ne pas mêler un enfant à ce crime.

Avec quatre hommes à elle.
Cf. scène précédente : « Vos gens sont-ils nombreux ? »

Frappez, ... votre *affaire..., la chose.*
Les euphémismes employés par Ferrante pour éviter le mot « tuer » expriment son *malaise* et ses *scrupules.*

Les gens ont toutes sortes de tours.
L'*humour noir* contenu dans cette phrase.

D'un coup.
Répétition qui indique, elle aussi, les *scrupules* de Ferrante.

III QUELQUES QUESTIONS

Inexpiablement.
Valeur du préfixe (*in*) et du suffixe (*ment*) ?

Sur moi... *derrière* moi.
Valeur de chacune des deux prépositions ?

Sous lequel un jour...
Qu'annonce cette fin de phrase inachevée ?

Inutile, funeste.
Sens exact des deux adjectifs ? Quel *progrès* le
second marque-t-il par rapport au premier ?

Je m'en débarrasse.
Valeur péjorative du verbe : *se débarrasser*. On
notera la différence avec *se libérer* (ou *se délivrer*).

Un remords.
Sens exact de : *regret, remords* et *repentir* ?

Tours.
Que veut dire le mot ici ? (Cf. : avoir *plus d'un
tour* dans son sac.)

Je veux qu'elle ne souffre pas.
Différence avec : « Je ne veux pas qu'elle souffre. »

IV ESSAIS

Quelles sont, selon vous, *les raisons* qui poussent
le roi à prendre le décision de tuer Inès de Castro ?
Et pourquoi la prend-il si *brusquement* ?

Était-il possible d'imaginer *un autre dénouement* :

- soit qu'Inès eût accepté le mariage de don Pedro
  avec l'Infante de Navarre,

- soit qu'elle eût suivi celle-ci au Portugal ?

La Reine Morte, tragédie *classique* ou drame *shakes-
pearien* ?

Comparez la pièce de *Guevara* avec celle de *Montherlant*.

Glossaire

P. 15

Montemor-o-Velho. Résidence du roi de Portugal.
L'Infant, l'Infante. Noms donnés, en Espagne et au Portugal, aux enfants puinés du roi.
Grands. Personnages de haut rang, appartenant à de « grandes familles ».
Pétrie. *Pétrir*, c'est mélanger la farine et l'eau et brasser le mélange avec énergie de façon à préparer la pâte dont on fera le pain. Être *pétri de*, c'est être formé, être plein de.

P. 16

Navarre. Province du Nord de l'Espagne.

P. 17

Passe. Trépasse, meurt (littéralement : *passer* de l'autre côté, de la vie à la mort).
Crucifiée sur elle-même. Être *crucifiée*, c'est être mise en croix (*crux*, en latin). Ici, elle est à elle-même sa propre croix, son propre tourment.

P. 18

Nous contenir. Nous retenir.
Nous déborder. Nous laisser aller sans retenue, comme un fleuve qui sort de ses *bords*.
Discourtoisie. Impolitesse, manque d'égards.
Les Altesses Royales. C'est-à-dire l'Infante et l'Infant de Portugal. Nom de cérémonie.

P. 20

Rocaille. Roche de mauvaise qualité (indiquée par le suffixe péjoratif *-aille*) sur laquelle il est difficile de marcher.
Irréductible. ... A l'idée de vous épouser.
Composer. Apprêter, disposer le visage de façon à en changer l'expression.

Mira ! Mira ! Mot espagnol qui signifie : « Regardez ! »

P. 22

Lavée. ... De l'insulte que vous a faite don Pedro.

P. 23

Pâtir. Souffrir (latin : *patior*; cf. la *Passion* du Christ).
Ondée. Pluie violente et soudaine. Ici : la tristesse s'abat sur moi comme une *ondée* et refroidit mes sentiments.
Dévotion. Ici : *dévouement* envers le roi aussi complet qu'envers une divinité (*dévotion* a une valeur religieuse).

P. 24

Hébétude. Stupidité, abrutissement.
Dieu me pardonne. Le verbe est au subjonctif : que Dieu me pardonne!

P. 25

Don Christoval. Le gouverneur du jeune prince.
Gouverneur. Sorte de précepteur chargé de l'éducation d'un prince.

P. 26

Fièvre tierce. Fièvre qui se manifeste un jour sur trois (le *tiers* du temps).
La partie était perdue. La *partie* que j'avais engagée dans l'espoir de faire de vous un homme de valeur.

P. 27

Les vues. Les intentions, les ambitions.

P. 28

Éclat. Scandale (quand *éclate* la vérité).
De la naissance. De naissance noble.
Fille naturelle. Née hors du mariage (le contraire est « légitime »).
Concubinage. État d'un homme et d'une femme vivant ensemble sans être mariés.

P. 29

Le pas de l'honneur. La danse de l'honneur (le « pas » de deux, le « pas » de quatre sont des figures chorégraphiques).
Génies. Petites divinités (sylphes, elfes, etc.).
Crier un cri. Construction transitive (ex. : courir une course).

P. 32

Bragance. La maison de Bragance procédait d'un bâtard de Pierre Ier (le Pedro de la pièce), qui, en 1383, s'empara du trône de Portugal et dont la descendance resta au pouvoir jusqu'en 1580. Mais ce n'est qu'en 1640 que les Bragance montèrent sur le trône.
Astrolabe. Instrument dont on se servait jadis pour déterminer la position des *astres*.
Visage défait. Visage décomposé, défiguré par l'émotion.

P. 35

Déliés. ... Des *liens* du mariage.
Roidi. Archaïque pour *raidi* : inflexible.

P. 37

Calice. Allusion au jardin des Oliviers, où le Christ dit : « Père, éloignez de moi ce *calice*. » Aujourd'hui, vase sacré où on verse le vin pendant la messe.
Vasque. Bassin rond, qui reçoit les eaux d'une fontaine et les laisse déborder.

P. 38

Qu'on sent qui s'accumule. La destinée qui, on le sent, s'accumule en silence — ou qu'on sent s'accumuler en silence.

P. 41

Ce bonheur au sommet duquel un instant encore je puis être immobile. Montherlant a écrit un recueil de poèmes intitulé *Encore un instant de bonheur* (1934).

P. 43

De bon lieu. De bonne naissance, de noble origine (cf. p. 35).

P. 44

Galice. Ancienne province d'Espagne, située au nord-ouest du pays.

Saint-Jacques de Compostelle. Ou Santiago. Capitale de la Galice. Célèbre par son pèlerinage.

P. 45

Génie. Tendance naturelle (sens du latin *ingenium*).

P. 47

Alcôve. Partie enfoncée d'une chambre pour y disposer un lit.

P. 48

Sous peine de mon déplaisir. Si vous ne voulez pas me *déplaire*, me désobéir.
Bragance. Ville du Nord-Est du Portugal.
Guarda. Ville de l'Est du Portugal.

P. 49

Bâtarde. Fille illégitime. On dit aussi *fille naturelle* (cf. p. 28).
A sa merci. Dépendre de son bon vouloir, être à sa discrétion.

P. 50

Couardise. Un peu archaïque : peur, lâcheté.
Paternité. Cf. I, 3 : « Vous avez aujourd'hui vingt-six ans : il y a treize ans que je n'ai plus rien à vous dire. »

P. 51

Santarem. Ville située à 70 kilomètres environ au nord-est de Lisbonne.

P. 52

J'atteste par... Je prends à témoin (*testis*, en latin) le Dieu vivant que...
Enfant naturelle. Cf. p. 28, n. 3.

P. 54

Pusillanime. Qui n'a pas de courage, timide.

P. 55
Lieu commun. En rhétorique : thème, sujet applicable à toutes les circonstances. D'où : idée banale, qui traîne partout.

P. 57
Don Eduardo. Il est « secrétaire de la main » (cf. p.17) : sa fonction consiste à écrire (ou à transcrire) les lettres du roi en imitant l'écriture de celui-ci.
Dépêche. Lettre relative aux affaires publiques.
Cortès. Assemblée législative.
Catalogne. Province située au nord-est de l'Espagne, sur la Méditerranée.

P. 58
Souffre. Supporte.

P. 59
Trait. Propos blessant, qui déchire comme une flèche.
Décocher. Lancer au moyen d'un arc.
Gracieuseté. Amabilité (légèrement archaïque).
Comminatoire. Menaçant. Mot employé surtout dans le vocabulaire politique.
Doucereux. D'une *douceur* exagérée, affectée.

P. 60
Aragon. Ancien royaume du Nord-Est de l'Espagne.
Trous. Sens figuré : les moyens d'échapper (« à mes obligations »).

P. 61
Félonie. A l'époque féodale, trahison envers son seigneur; perfidie.
Défaut de l'armure. Partie de l'*armure* (ou de la cuirasse) mal protégée, par où on peut atteindre l'adversaire. Ici : sens figuré.

P. 62
Humeur. Mauvaise *humeur*, impatience.
Indiscrétion. Sens étymologique : manque de *discernement*, de jugement.

P. 64
Cumanus. Gouverneur de Samarie sous l'empereur Claude (41 à 54 ap. J.-C.). De concert avec son collègue Félix, gouverneur de Galilée, il mit ces deux provinces en coupe

réglée, provoquant une insurrection des habitants et de lourdes pertes aux troupes romaines. Quadratus, gouverneur de Syrie, chargé de réprimer leurs agissements, ménagea Félix, frère de l'affranchi Pallas, favori de Claude, « et le fit siéger au tribunal pour étouffer le zèle des accusateurs ; *Cumanus fut condamné seul pour le forfait que tous les deux avaient commis et le calme fut rendu à la province* ». Tacite, *Annales*, XII, 54.

P. 65
Position. Position où l'on veut concilier « la raison » et « la justice ».

P. 66
Ce coup. Archaïque : cette fois.
Ministre de Dieu. « Ministre » a son sens étymologique de *serviteur* (de Dieu). Désigne ici l'évêque de Guarda.

P. 67
S'accommodant. S'habituant (à sa vie de prisonnier).
Retranché. *Retranché* de la vie, du nombre des vivants.

P. 68
En clair. En langage *clair*, qui n'a pas besoin d'être déchiffré.
Avaler des couleuvres. Supporter des affronts sans réagir.
Fibre. Partie vigoureuse du muscle. Ici : l'énergie, l'aptitude à résister.

P. 69
Rémission. Relâchement dans la rigueur, retour à l'indulgence.

P. 70
Grief. D'abord, dommage subi ; puis plainte qu'on fait entendre au sujet de ce dommage.
Complexion. ...(Qui ne soit pas conforme à sa) *santé* (archaïque). Ici, don Eduardo propose qu'elle soit empoisonnée.
Propos. Archaïque : résolution, projet.

P. 72
Galants. Hommes qui font la cour à une femme avec empressement.

Brusquer. Forcer, agir trop *brusquement*; ici, se montrer trop hardi.

P. 73

Ouverture. Franchise (cf. parler « à cœur ouvert »).
Salle d'audience. Salle où le roi est prêt à *entendre* (*audire*, en latin) ceux qui ont quelque chose à lui dire.

P. 74

Trop vif sur cette affaire. Vous prenez cette affaire trop *à cœur*.
Pointe. Vivacité, ardeur, emportement.
Miel. Sens figuré : flatterie (s).
Rebuter. Repousser les avances.
Mauvaises flammes. Cela s'appelle des *feux follets*.

P. 75

De. A la suite *de*, à cause *de*.

P. 76

Lécher. Sens figuré : flatter.
Houle. Grand mouvement qui soulève la mer à la suite d'un coup de vent.

P. 78

Crispée. Contractée.
Fors. Archaïque : excepté (lat. *foris*).
Saoulez-vous-en. Tirez-en toute la satisfaction morale que vous voudrez, enivrez-vous-en.
Bouffonner. Agir comme un *bouffon* (amuseur grotesque des anciens rois).

P. 79

Dominus... nostrum. « Que Dieu, notre soutien, soit avec vous. » En fait, on trouve ici la réunion, sans recherche de sens, de deux passages des prières du bas de l'autel, l'*adjutorium nostrum* étant avant le *dominus vobiscum* : il s'agit d'une parodie.
L'écritoire. Petit meuble contenant tout ce qu'il faut pour écrire (plume, encre, etc.).

P. 80

Couic. Onomatopée signifiant que quelqu'un va périr.
Heurter. Sens figuré : choquer, scandaliser.

P. 81

Ministres. Sur le sens étymologique du mot, voir p. 66, n. 2.
D'(un...). Comprendre : « comme un plant de lierre (vit) d'un tronc... ».
Coquins. Gens malhonnêtes.
De poids. D'importance.
Légers. ... D'esprit peu sérieux.

P. 82

Dieu merci. Par la grâce de Dieu. Le sens ancien de *merci* est : grâce, pitié.
Reprise. Sans doute : recommencement. Mais, peut-être aussi, au sens musical : toute partie d'une mélodie qui doit être chantée deux fois (*re-prise*), bien qu'elle ne soit écrite qu'une fois.
Refrain. Dans une chanson, paroles et musique qu'on reprend sans changement à la fin de chaque *couplet*.
Ritournelle. Bref motif instrumental, qui précède ou suit un chant. Ici : propos répété sans cesse.

P. 83

Jeudi saint. Le jeudi précédant le dimanche de Pâques.
Office de la nuit. Ou Office des Ténèbres : service divin qui a lieu dans la nuit du Jeudi au Vendredi saint. (L'extinction des cierges a lieu pendant le *Benedictus*.)
Amis du Christ. Les douze Apôtres.

P. 84

Souffletées. Un *soufflet* est une gifle. Le terme insiste sur la violence de l'indignation manifestée par l'Infante.
Génie. Don exceptionnel donné par la nature (pour les autres sens, voir p. 29, n. 1 et p. 45, n. 2).
Gerfaut. Petit oiseau de proie. Ici : sens figuré.
Airain. Alliage à base de cuivre.
Annulation. ... Du mariage.
Dominicain. Religieux de l'ordre fondé par *saint Dominique*, au XIIIe siècle.
Joint que. (Est) *joint* (le fait) *que* = de plus, en outre.

P. 85

Darder. Lancer comme un *dard* (trait acéré).

Négocier. Obtenir l'annulation par des moyens diplomatiques.

P. 86

Santarem. Cf. p. 51, n. 1.

P. 87

Dispense. Pour l'annulation du mariage.
Du tout. Complètement, totalement (archaïque).
Se désaffectionner. Se détacher (*dé*) d'une *affection*.

P. 89

Pointe. La punition est comme une *épée* menaçante, dont le roi voudrait faire sentir *la pointe* à son fils.

P. 90

Un petit instant encore. Cf. p. 41, n. 1.

P. 92

Escopette. Arme à feu d'autrefois.
Ce que je porte en moi. L'enfant qu'elle attend.

P. 94

Abandon. Confiance.

P. 96

Buisson. Allusion au « buisson » ardent, où Dieu apparut à Moïse.

P. 97

Cantonade. En terme de théâtre, lieu situé dans les coulisses. « *Parler à la cantonade* » : parler fort, comme un acteur s'adressant à quelqu'un qui n'est pas sur la scène.

Toutes griffes dehors. Prête à *griffer*, c'est-à-dire, ici, à lancer des paroles blessantes.

P. 98

Armoiries. Signes figurant sur les *armes* des familles royales ou nobles.

Oriflamme. Ancienne bannière des rois de France, portant des *flammes d'or*. Peut-être, à l'origine, est-ce la bannière elle-même qui avait la forme d'une *flamme (d'or)*.

P. 100

Ouverture. Cf. p. 73, n. 1.

Du champ. Du recul, du temps pour réfléchir.

P. 101

Étrave. Proue, partie avant du bateau, celle qui fend les flots.

Maison. Ensemble des gens attachés au service d'une personne royale.

Mondego. Où habite Inès, non loin de Montemor-o-Velho (résidence du roi).

P. 102

Noyer le poisson. Faire traîner une affaire pour l'empêcher d'aboutir.

Brouiller ses traces. Certains gibiers essaient de tromper les chasseurs en mêlant (*brouiller*) les traces qu'ils laissent sur le sol.

P. 103

Honnêtetés. Manifestations de politesse (un peu archaïque dans ce sens).

P. 104

Amie de toutes les choses douces de la terre. On
retrouve — à un mot près — la même expression dans un
poème d'*Encore un instant de bonheur* : « Toi, l'amie de toutes
les choses petites de la terre ».

P. 105

Santa Clara. Nom d'église.
Jacasser. Bavarder en criant comme une pie (la *jacasse*
est le nom ancien de la pie). Mot péjoratif.
Mante. Vêtement de femme, ample et sans manches.

P. 107

Passereau. Oiseau de petite taille (*passer*, en latin).
Once. Douzième partie de la livre chez les Romains (*uncia*,
en latin). Figuré : chose de peu de poids, qui n'existe qu'en
petite quantité.

P. 109

A l'écart. Dans un de ses Essais, Montherlant a appelé
l'Espagne : « La Thébaïde de l'Europe ».
Pampelune. Ville fortifiée, capitale de la Navarre.
Encaissée. Resserrée entre des murs à pic.

P. 127

Hirondelle. Par opposition à l'Infante, que le roi a appelée
« un gerfaut » (p. 84, n. 3).

P. 111

Ardeur. Sens étymologique : chaleur brûlante (cf. des
charbons *ardents*).

Sennachérib. Roi d'Assyrie (705-681 av. J.-C.). Ici :
allusion au siège de Jérusalem (défendue par le roi Ezé-
chias), dont on trouve l'écho dans le *Livre des Rois* (II,
ch. xix, v. 35) : « Cette même nuit, l'ange du Seigneur
vint dans le camp des Assyriens et y tua 185 000 hommes;
et Sennachérib, roi des Assyriens, vit tous les corps morts
et s'en retourna aussitôt. »

P. 112

La mouche dans le parfum. Cf. *Ecclésiaste*, ch. X, v. 1 :
« Les mouches qui meurent dans le parfum en gâtent la
bonne odeur; ainsi une imprudence légère et de peu de
durée l'emporte sur la sagesse et sur la gloire. »

P. 113

Andalou. L'*Andalousie* se trouve au sud de l'Espagne. Elle
fut longtemps occupée par les Arabes.
Tout votre saoul. Tout votre content, autant que vous
voudrez (cf. « *Saoulez-vous*-en » : p. 78, n. 3).
Maison. Cf. p. 101, n. 2.

P. 115

Visitation. La *Visitation* est la visite de la Vierge à sainte
Élisabeth pour la féliciter de sa maternité prochaine. Le
roi veut dire ici qu'il a, lui aussi, des *apparitions* de caractère proprement religieux.

P. 116

Se décrispent. Néologisme. Cessent d'être « crispées »
(voir p. 78, n. 1).
Gisant. Statue représentant un personnage couché (le
mot est formé sur le participe du vieux verbe : *gésir*, être
couché).
Axiome. Vérité absolument évidente, qui ne peut être
contestée.

P. 117

Croisée. Châssis vitré servant à fermer une fenêtre, puis la fenêtre elle-même.

Conquêteur. Néologisme (le mot habituel est *conquérant*). Il a un aspect archaïque et fait penser au mot espagnol : *conquistador*.

Magnanime. Au grand cœur, généreux.

Armeria de Coïmbre. Célèbre collection d'*armes*, située à *Coïmbre*, ville du Portugal surtout célèbre par son université.

P. 118

Brame. Cri propre au cerf. Le mot habituel est *bramement*.

P. 120

Genil. Province traversée par le fleuve du même nom, qui est un affluent du Guadalquivir.

Morisque. Synonyme de *Mauresque* : originaire de Mauritanie, c'est-à-dire d'Afrique du Nord.

Le plus grand fleuve d'Europe. Il a 243 kilomètres de long !

P. 121

Bahut. Buffet ancien, souvent très lourd.

P. 122

Justaucorps. Pourpoint serré à la taille (*ajusté au corps*).

P. 123

Lucioles. Insectes dont le corps est *lumineux* la nuit (*lux, lucis* : lumière, en latin).

P. 124

Treize ans. L'âge du « génie »! (Cf. p. 24).

P. 127

Consigné. Celui à qui il a été interdit de sortir.
Nonce. Prélat chargé de représenter le Pape auprès d'un roi ou d'un gouvernement étranger.
Crible. Sorte de récipient, percé de trous, permettant de séparer ce qui est plus gros de ce qui est plus fin. « Puiser avec un crible » = essayer de recueillir de l'eau avec un vase percé.

P. 128

Lames. Au sens marin de *vagues* : le vent fait avec le sable des sortes d'ondulations comme il fait avec l'eau de la mer.
Gâte-sauce. Mauvais cuisinier, celui qui *gâte* (endommage) la *sauce.*
Culbute. Saut consistant à rouler sur soi-même après avoir posé la tête à terre.

P. 129

Tavira. Port du Portugal.
Crucifié. Cf. p. 17, n. 2.
Valence. Ici, province de Valence — à l'est de l'Espagne. Cette province avait même conservé, avec certaines prérogatives, le titre de *royaume* (voir p. 134), en souvenir du temps où elle constituait un État.
Croiser. Aller et venir devant un endroit pour en surveiller la navigation.
Cap Saint-Vincent. Au sud du Portugal.

P. 130

Flairer. Se dit du chien, qui sent quelque chose. Ici : pressentir, deviner.

P. 131

Confondu. Péniblement surpris (par votre indulgence).

P. 132

Déféré. Présenté, traduit.

P. 134

Embaumer. Dégager un parfum aussi agréable que le *baume* (résine odoriférante).
Gonflé. Exagéré.
Matou. Chat mâle.
Machines. Intrigues, complots *machinés* (contre vous).

P. 135

Remise en mains. Retour à l'autorité.
Gantelet. *Gant* couvert de lames de fer, dans la cuirasse du Moyen Age.
Henri IV de Castille. Il régna de 1454 à 1474.
Sultan. Prince musulman.
Trujillo. En Estramadure, à l'ouest de l'Espagne. Elle fut reprise en 1233, c'est-à-dire plus de deux siècles avant qu'Henri IV de Castille ne monte sur le trône. Il semble qu'ici la légende remplace la vérité historique.

P. 136

Magicienne. Personne agissant par des moyens surnaturels.
Ensorceler. Agir comme un *sorcier*.

P. 137

Islam. La religion créée par Mahomet.
Prodige. Événement extraordinaire, hors nature.

P. 138

Noé. Noé, ayant planté des vignes, s'enivra avec le vin qu'il en tira et s'endormit tout nu.

P. 139

Crucifiée sur elle-même. Cf. p. 17, n. 2.
Armure de fer. Cf. p. 61, n. 2.

P. 140

Aumône. Argent donné « par charité ».
Solde. Argent qu'on donne aux *soldats* pour les payer de leurs peines.

P. 141

La marque de la chaîne. Acte II, sc. 5, p. 98.

P. 142

Large. Ici, la haute mer, la pleine mer.
A contre-vent. Dans le sens contraire du vent.
Rebrousser. Relever les cheveux dans le sens contraire de leur pousse. *Rebrousser* chemin = revenir sur ses pas.
Oiseau malurus. Passereau.
Représailles. Acte de cruauté commis pour se venger.
Crécelle. Sorte de moulinet en bois, dont le bruit, au Moyen Age, signalait l'approche des lépreux.

P. 143

Véridique. Qui dit la vérité (*verum - dicere*)
Strict. Sévère, rigoureux.

P. 144

Revision. Examen permettant de *re-voir* quelque chose pour le corriger et le perfectionner.

P. 145

Astrologue. Personne qui prétend *lire* l'avenir dans les *astres*.

P. 146

Pedrito. En espagnol, diminutif de Pierre (Pedro).
Bourrade. Coup brusque donné parfois en signe d'affection.

P. 147

Pourceaux. Terme péjoratif pour *porcs*.

P. 149

Anathème. Blâme très vif, sorte de malédiction.
Candeur. Innocence, naïveté (*candidus* = blanc, en latin).

P. 151

Coquins. Cf. p. 81, n. 3.
Se débonder. La *bonde* est une espèce de gros bouchon qui sert à fermer un tonneau. *Se débonder*, c'est dire ce qu'on a sur le cœur, s'épancher.

P. 153

Tournailler. Ne cesse de *tourner* (le suffixe -*aille* ajoute une valeur péjorative).

P. 154

Mondego. Cf. p. 101, n. 3.
La Rédemption. Le rachat (*redemptio* en latin) de l'Homme par le Christ sauveur.

P. 155

L'échelle de Jacob. L'*échelle* allant de la terre au ciel, que *Jacob* vit dans le désert.

P. 157

Confesseur. Prêtre à qui l'on *confesse* ses péchés avant de mourir et qui vous donne l'absolution.
Oratoire. Petite chapelle faite pour prier (*orare*, en latin).

P. 158

Bâtard. Cf. p. 49, n. 1.
Sabre de Dieu. La mort : le *sabre* qui doit trancher le fil de la vie.

P. 159

Patte. La main, le bras (emploi populaire).

P. 160

On te le montrera. Dans la pièce de Guevara, ce supplice est représenté sur la scène.

P. 161

Le sabre. Cf. p. 158, n. 2.
Nœud. Les « contradictions » sont comme des cordes enchevêtrées et formant des *nœuds* les unes avec les autres.

P. 162

Tumulte. Mouvement accompagné d'un grand bruit.

Bibliographie

MICHEL MOHRT : *Montherlant, homme libre* (Gallimard, Paris, 1943).

J.-N. FAURE-BIGUET : *Les Enfances de Montherlant* (Henri Lefebvre, Paris, 1948).

JACQUES DE LAPRADE : *Le théâtre de Montherlant* (La Jeune Parque, Paris, 1950).

JEANNE SANDELION : *Montherlant et les femmes* (Plon, Paris, 1950).

PIERRE SIPRIOT : *Montherlant par lui-même* (Le Seuil, Paris, 1953).

ANDRÉ FERRAN : *Théâtre choisi de Montherlant* (Classiques Illustrés Vaubourdolle, Hachette, Paris, 1953).

GEORGES BORDONOVE : *Henry de Montherlant* (Collection « classiques du xxe siècle », Éditions Universitaires, Paris-Bruxelles, 1954).

La Reine Morte : (Stuttgart. Klett) [Édition scolaire. Présentation et notes d'E. K. Munz (texte français)].

H. PERRUCHOT : *Montherlant* (Gallimard, Paris, 1959).

Numéro spécial de *La Table Ronde* (Plon, Paris, novembre 1960).

JEAN DE BEER : *Montherlant* (Portrait-dialogue, Flammarion, Paris, 1963).

TABLE

IMPRIMERIE Les Petits-Fils Léonard DANEL - Loos (Nord)
28.279-I-12-1220 - Dépôt légal n° 5175 - 4ᵉ trimestre 1965
LE LIVRE DE POCHE - 4, rue de Galliera, Paris.